CARTAS DO ALTO

Francisco Cândido Xavier

VINHA DE LUZ
SERVIÇO EDITORIAL LTDA.

Belo Horizonte
2017

EDIÇÃO: Vinha de Luz | Serviço Editorial
Departamento Editorial da Casa de Chico Xavier
Av. Álvares Cabral, 1777 | 20º andar | Sala 2006
Santo Agostinho | 30170-001 | Belo Horizonte | MG
(31) 2531-3200 | 2531-3300 | 3517-1573
www.vinhadeluz.com.br — informacoes@vinhadeluz.com.br
www.casadechicoxavier.com.br — informacoes@casadechicoxavier.com.br

COORDENAÇÃO EDITORIAL
Célia Maria de Oliveira Soares | Geraldo Lemos Neto | João Marcos Weguelin

CAPA
Thiago Panegassi Lopes de Campos | Célia Maria de Oliveira Soares

IMAGEM DA CAPA | VINHETAS
Fusão de imagens sob licença de Creative Commons Atribuição 4.0 Internacional
In: <http://www.grandesmensagens.com.br/a-natureza.html>;
<https://creativecommons.org/licenses/by/4.0/deed.pt_BR>. Acessos em: 10. jul. 2017.

PROJETO GRÁFICO | TRATAMENTO DE IMAGENS | DIAGRAMAÇÃO
REVISÃO TÉCNICO-CIENTÍFICA
Célia Maria de Oliveira Soares

1ª edição — agosto 2017 | 1.000 exemplares

Dados Internacionais de Catalogação na Publicação (CIP)
(Câmara Brasileira do Livro, SP, Brasil)

Cartas do Alto / por Espíritos Diversos ;
[psicografado por] Francisco Cândido Xavier ;
organização João Marcos Weguelin . - -
Belo Horizonte : Vinha de Luz , 2017 .

Bibliografia
ISBN : 978-85-63716-33-0

1 . Espiritismo 2 . Máximas - Coletâneas
3 . Mensagens 4 . Obras psicografadas 5 . Reformador
(Revista espírita) I . Diversos , Espíritos .
II . Xavier , Francisco Cândido , 1910-2002 .
III . Weguelin, João Marcos .

17-06549 CDD - 133.93

Índices para catálogo sistemático :

1. Brasil : Médiuns : Biografia e obra 133.93

Nos 90 anos da mediunidade gloriosa de CHICO XAVIER

1927 – 2017

Chico Xavier nos anos 20.

Manuel Quintão de braço dado a
Chico Xavier e com Francisco Gorgot,
em Pedro Leopoldo, Minas Gerais, em 1934.

DEDICATÓRIA

A **Manuel Quintão**, *que introduziu Chico Xavier nas páginas de* Reformador *e prefaciou o primeiro de seus muitos livros.*

Em março de 1927, o nome *M. Quintão* apareceu pela primeira vez como redator-chefe do *Reformador*. Era assim que sempre aparecia o nome de Manuel Justiniano de Freitas Quintão – com o primeiro nome abreviado. Em maio daquele ano, uma das irmãs de Chico Xavier foi acometida de terrível obsessão, levando, indiretamente, o então católico Chico Xavier a tomar contato com a Doutrina Espírita pela primeira vez. O dia 8 de julho de 1927 é a data até hoje celebrada em função de Chico Xavier ter psicografado a sua primeira mensagem. Já em agosto daquele ano o médium começaria a receber uma série de poesias de grandes poetas desencarnados, que seriam incluídas em sua primeira obra, o *Parnaso de Além-Túmulo*, publicado pela Federação Espírita Brasileira, em 1932.

Manuel Quintão não conhecia Chico Xavier. Mas atento militante da Federação Espírita Brasileira não deixou de perceber quando, a partir de 1928, começaram a ser publicadas no jornal espírita *Aurora*, e em colunas espíritas de jornais leigos, mensagens assinadas por *F. Xavier*, que, àquela época, era um total desconhecido fora da sua cidade natal, Pedro Leopoldo, em Minas Gerais.

Em 1930, quando começaram a aparecer as primeiras mensagens de Chico Xavier no *Reformador* – ainda com a assinatura *F. Xavier* – Manuel Quintão era o diretor dessa publicação.

No mês de fevereiro desse ano, quando Manuel Quintão publicou a primeira mensagem de Chico Xavier no *Reformador* ("Os felizes"), Chico publicou a mensagem "Imortalidade" no jornal *Aurora*, dedicada a ele.

Em 1932, quando Chico Xavier publicou o seu primeiro livro, o *Parnaso de Além-Túmulo*, quem prefaciou a obra foi Manuel Quintão.

E quando apenas o jornalista Clementino de Alencar havia publicado uma série de matérias sobre Chico Xavier, Manuel Quintão foi a Pedro Leopoldo e escreveu o livro *Romaria da graça*, que foi editado pela Federação Espírita Brasileira, em 1939. Acreditamos ser esse o primeiro livro a tratar da vida de Chico Xavier.

Manuel Quintão e Chico Xavier foram amigos e trocaram correspondências por longos anos. Parece-nos que Quintão foi o continuador do trabalho que anteriormente havia sido realizado por José Hermínio Perácio e D. Carmen Pena Perácio. Assumiu Manuel Quintão a qualidade de mentor encarnado de Chico Xavier. Nessa correspondência, Chico, um médium ainda em formação, expunha suas dúvidas em torno da sua mediunidade.

Quintão se acercou de figuras de destaque do meio espírita, que eram especialistas em literatura, para se certificar de que o trabalho era realmente mediúnico. Foi ele, ainda, um grande incentivador do trabalho de Chico Xavier, ora pedindo uma mensagem para publicar no *Reforma-*

dor, ora opinando que as mensagens não deveriam ser publicadas em jornais, mas sim em livros. Esse vínculo forte tinha razão de ser, pois remontava aos fortes laços de afeto de vidas passadas.

Nesta vida, seus familiares trataram de solidificar ainda mais esse laço quando o filho de Manuel Quintão, Pedro Quintão, casou-se com Geralda Xavier, irmã de Chico.

Manuel Quintão foi jornalista, escritor, médium e grande divulgador da Doutrina Espírita, tendo publicado seus textos em diversos jornais. Ingressou na Federação Espírita Brasileira em 1903, da qual foi presidente em 1915, 1918, 1919 e 1929, integrando o seu quadro social por 44 anos.

A todos que permitiram a Chico Xavier iniciar esse glorioso mandato de amor que ora atinge os seus 90 anos.

A José Hermínio Perácio e D. Carmen Pena Perácio, que ensinaram as primeiras noções de Espiritismo e orientaram os primeiros passos de Chico Xavier no campo da mediunidade.

A José Cândido Xavier e Ataliba Vieira Vianna, que tiraram Chico Xavier do anonimato, enviando as primeiras psicografias do médium para os jornais cariocas do Rio de Janeiro, desvendando e legando ao mundo a mais importante obra mediúnica que se tem conhecimento.

A Inácio Bittencourt, que foi o primeiro a publicar uma mensagem de Chico Xavier, seguida de muitas outras, em seu jornal *Aurora*, a partir de 1928.

A Manuel Quintão, que publicou as primeiras mensagens de Chico Xavier no *Reformador*, prefaciou a obra *Parnaso de Além-Túmulo*, além de nos legar o primeiro livro sobre a vida e a atividade mediúnica de Chico Xavier.[1]

---

[1] *Romaria da graça* (FEDERAÇÃO ESPÍRITA BRASILEIRA – FEB, 1939).

AGRADECIMENTOS

Chico Xavier no trabalho social
em Uberaba, Minas Gerais, nos anos 50.

SUMÁRIO

Introdução

1930

1950

1960

1970

1980

Introdução

Sensação de dever cumprido

É com imensa alegria e sensação de dever cumprido que entregamos ao amigo leitor a presente obra, que encerra a coletânea de mensagens inéditas de Chico Xavier publicadas no *Reformador*, iniciada no livro *Palavras sublimes*, publicado também pela Vinha de Luz Editora, em 2014.

Não foram poucos os esforços empenhados para a organização da obra. Foi necessário folhear cada exemplar do *Reformador* desde 1927 até 2015, embora a primeira mensagem de Chico Xavier no periódico só tenha sido publicada em 1930. Isso mesmo. Foi folheado cada exemplar do *Reformador* desde 1927 e foram encontradas mais de quatro mil publicações com mensagens de Chico Xavier, embora muitas dessas mensagens tenham sido publicadas mais de uma vez. Mas o trabalho não parou por aí: era preciso verificar se essas mensagens haviam sido publicadas nas obras de Chico Xavier. Aí foi necessário pesquisar na internet e acessar a vasta bibliografia de Chico Xavier que, nos dias atuais, já ultrapassa as 500 obras! O resultado dessa busca é o que apresentamos ao leitor: as mensagens psicografadas por Chico Xavier publicadas no *Reformador* e que não localizamos em nenhum de seus livros.

O roteiro dessa obra contempla, e complementa, o que há de melhor na psicografia de Francisco Cândido Xavier: aí estão o seu mentor espiritual Emmanuel e os amigos espirituais que o acompanharam ao longo de décadas. Entre os poetas, Augusto dos Anjos, Cruz e Souza, Olavo Bilac, Castro Alves, Cornélio Pires e Maria Dolores deixaram seus versos. Não faltaram as prosas de André Luiz e de Irmão X (Humberto de Campos). E destacamos ainda os textos doutrinários do Dr. Bezerra de Menezes, de Bittencourt Sampaio e de Eurípedes Barsanulfo. Trata-se de um compêndio que engloba material para profundos estudos, proporcionando valiosos conhecimentos e oportunas reflexões.

Concluir esse trabalho é uma conquista significativa, em função de *Reformador* ser a revista espírita mais antiga em circulação no Brasil e uma das mais antigas do mundo. Mas se essa etapa vencida encerra um ciclo, nos traz o empenho e a responsabilidade de continuar a buscar em dezenas de outras revistas e jornais as mensagens que Chico Xavier espalhou por toda a imprensa, como também por todos os lugares por onde passou. A jornada continua e parece não ter fim. Pois se sabemos como tudo começou – e tivemos a grata satisfação de publicar a mensagem "Exultemos" – a primeira que Chico Xavier publicou na vida,[1] não sabemos até onde vamos chegar.

Chico viveu muito. Trabalhou muito. Dormiu pouco. Num dia qualquer Chico psicografava mais de quinhentas receitas do Dr. Bezerra de Menezes. Depois continuava nas reuniões psicografando mensagens e atendendo ao público até às últimas horas da madrugada. O seu lazer de domingo era responder a centenas de cartas. Quantas delas estão perdidas por aí, embora no momento que foram produzidas serviram de lenitivo, de consolo e esperança a tantos milhares de sofredores!

Chico trabalhou durante décadas no seu ofício de médium psicógrafo no Centro Espírita Luiz Gonzaga, no Centro Espírita Meimei, na Fazenda Modelo, na Comunhão Espírita Cristã, no Grupo Espírita da Prece e em muitas outras instituições. Há tanto material perdido

[1] Compõe o livro *Chico Xavier – A aurora de uma vida entre o Céu e a Terra* (VINHA DE LUZ, 2012).

por aí, como os inúmeros programas de televisão em que ele participou – mas aí já é outra história. Aos poucos, muitos outros tesouros em forma de mensagens, cartas, entrevistas e programas de televisão vão sendo encontrados e divulgados ao público. Isso só nos faz redobrar as nossas energias e os nossos esforços para continuar buscando incansavelmente o legado daquele que, na sua humildade, se considerava no máximo um cisco de Deus, mas que, na realidade, foi um apóstolo da caridade, alguém cujo maior objetivo foi semear o bem. Seus escritos e suas palavras não foram letras mortas em sua vida, pois ele personificou como poucos o Evangelho de Nosso Senhor Jesus Cristo cada dia de sua longa jornada. Talvez mais que um cisco ele fosse um lenço de Deus, pois o que mais fez na vida foi enxugar lágrimas – pessoalmente ou por meio das mensagens contidas em sua vasta obra. Nosso objetivo é soprar a poeira dessas mensagens que se encontram perdidas em bibliotecas inacessíveis ao grande público e espalhá-las aos quatro cantos, a fim de que ninguém se esqueça desse grande servidor do Cristo.

Como Chico era avesso a elogios, e na sua simplicidade se comparava a um burrinho,[2] certamente ele apreciaria muito mais que as pessoas lessem essas mensagens e, acima de tudo, colocassem em prática os seus ensinamentos, dando a sua parcela de contribuição para a construção de um mundo melhor. Que Chico vibre por nós, pois assim haverá de ser a transformação do mundo que desejamos para todos.

João Marcos Weguelin

Organizador

[2] *"Sou um simples burrinho que carrega altos professores (os espíritos de luz) para um festival de cultura e de amor."* (Declaração de Chico Xavier dada a *O Jornal*, edição de 29/08/1971).

CARTAS
DO ALTO

Chico Xavier nos anos 30, na companhia de Paulo Noronha, D. Georgina Machado e José Flaviano (Zeca) Machado, em Pedro Leopoldo, Minas Gerais.

1930

DE UMA EPÍSTOLA DE EMMANUEL

Meu amigo, que Deus te abençoe os santos entusiasmos do coração. (...)

Não podemos duvidar, porém, da Providência Divina, e deveremos esperar a Sua manifestação, nesse sentido, na "hora justa". (...)

Em tuas lutas, meu irmão, não te sintas abandonado. Devotados samideanos do Além colaboram contigo em teus esforços. A luta é árdua, mas é necessária, em face da vitória indiscutível. A missão do Esperanto é grandiosa e profunda junto das coletividades humanas. Não te entristeças, contudo, se os resultados da difusão da linguagem internacional parecem, por vezes, medíocres em extensão. A tarefa esperantista é muito grande e as realizações já efetuadas no orbe, pelos seus trabalhadores, são numerosas e consistentes, pressagiando as edificações do futuro.

Não te entristeças, repito, e nem te atormentes em face da indiferença do mundo. Toda a impassibilidade é transitória. Além disso, a missão de Zamenhof é de ontem. Poucos lustros assinalam as suas esperanças do princípio. E Jesus? Não podemos esquecer que o Evangelho espera a adesão do mundo há quase dois mil anos.

Continuemos, pois, em nossos esforços e não duvidemos d'Aquele que é a luz e o amor de nossas almas.

Que ele te abençoe,

Emmanuel

Reformador | Novembro de 1939

1950

Chico Xavier nos anos 50,
em Pedro Leopoldo, Minas Gerais.

MENSAGEM DE UM VELHO COMBATENTE

Nem sempre a fé, por mais pura, consegue descerrar, enquanto permanecemos na carne, os véus que nos obscurecem a razão. Muitas vezes, é preciso que a morte opere sobre a nossa existência a ação destruidora da tempestade. A ventania furiosa que castiga a natureza derruba muitos cárceres, libertando a vida em muitas direções. Esse é talvez o trabalho mais positivo da morte no campo isolado de uma reencarnação. Adquirimos clareza e impulso renovador nas forças profundas do ser e, com isso, observamos que a nossa mente é, na maioria das ocasiões, antigo compartimento que se desentulha. Enxergamos o horizonte novo e os erros cometidos sobrelevam-se na tela da memória, torturando-nos a alma e impedindo-lhe mais altos voos na purificação. Referimo-nos a esse doloroso cativeiro do pensamento, na cristalização do individualismo doentio, e reportamo-nos a semelhante quadro de libertação pelo esgotamento da energia física para dizer aos companheiros de sementeira espírita-cristã, no Brasil, das nossas necessidades de reavivamento espiritual, segundo os ditames da lição de Jesus.

Apenas o personalismo enfermiço poderá fortalecer a obra escura e temporária da desunião em nossas fileiras de trabalhadores leais ao bem comum, de vez que não nos falecem recursos de erguimento evangélico, desde a primeira hora do clarim redentor de Ismael, sob a égide do Senhor, na terra que nos é particularmente querida. Bem-aventurados quantos puderam olvidar a si próprios nessa forja de lutas e bênçãos, consagrando-se totalmente à obra da fraternidade e da luz que os mensageiros do Céu instituíram aqui desde os primórdios de nossa construção doutrinária. Não pude, qual aconteceu a muitos irmãos de ideal, entender a extensão do ministério a que fomos chamados e menos atento ao ensino daqueles "pouco escolhidos" dediquei-me, sinceramente, em verdade, à tarefa que me dizia respeito, distraído, no entanto, do serviço integral do todo, que defina a execução dos desígnios do Mestre crucificado. Indiscutivelmente, há muito patrimônio valioso e aproveitável no círculo daqueles que hostilizam o apostolado de Ismael, na coletividade espiritista brasileira, mas oferecem aos orientadores do Além o espetáculo de fontes preciosas que fornecem ao viajor algum benefício, perdendo-se, contudo, na expressão mais compacta de suas utilidades, no charco das discussões esterilizantes ou do esforço improdutivo da vaidade pessoal, sob piedosas formas de cultura ou beneficência. Nada amealham, realmente, essas inteligências primorosas que se situam no debate ou na negação, no verbo pernicioso ou na atitude imprópria, porque a morte é sempre um juiz incorruptível, que não sentencia, e sim descobre-nos o caráter, o sentimento, o raciocínio e a intenção, ao clarão soberano da verdade, que transportamos, candente e viva, dentro de nós mesmos. Nossas palavras não se dirigem a qualquer individualidade ou grupo, na comunhão dos nossos companheiros. Traduzem apenas alertamento e aviso, porquanto, cedo ou tarde, reconheceremos que o Espiritismo é aquisição mundial de conhecimento e virtude, através do estandarte das novas revelações, que surgem na esfera de todos os países e de todas as línguas, por injunções do Plano Superior, e que o Espiritismo com Jesus é serviço regenerativo, sem o qual a criatura humana permaneceria indefinidamente sem soerguer-se do abismo a que se projetou. E nesse clima de transformações das causas e dos efeitos do nosso ideal renovador é preciso anotar, sem paixão e sem má-fé, que a bandeira de Ismael, no Brasil, vem levantando o espírito coletivo para a grande ascensão. Debalde nos asilaremos em palácios científicos e filosóficos, subtraindo-nos às bases de simplicidade que nos regem os destinos. A religião, interpretando a essência da vida, acentuar-nos-á a sede de paz e de amor, em toda parte, arrebatando-nos a novas experiências. Unificarmo-nos, pois, sob as diretrizes do Evangelho, é obrigação inadiável para quantos já puderam realizar a feliz evasão das algemas de ouro e bronze da vaidade. Para objetivos tão sublimes, formaram-se os alicerces da restauração da Boa Nova no clima sentimental de nossa gente. Quantos encontrarem a energia indispensável à extinção de velhos e ruinosos caprichos para que se cumpram os impositivos de nossa legítima integração com a jornada nova, abençoem a possibilidade de servir a essa causa venerável que, no fundo, representa a iluminação interior da humanidade. Mais cedo encontrarão a substanciosa colheita do esforço, porque, qual ocorre no símbolo da videira e das varas, demorar-se-ão unidos à divina seiva que nos alenta hoje o trabalho de verdadeira coesão espiritual no rumo da vitória de nossos princípios santificantes.

Não desfaleçais, portanto, diante da hostilidade de muitos, porque a difamação ou o sarcasmo assinalam notas de desespero de quantos não se sentiram bastante fortes naquela perseverança que caracteriza o discípulo enobrecido no aprendizado de renunciação até o fim. As armas da calúnia e da ironia são munições das trevas, mas o portador da luz, à maneira do raio de sol, encontra mil meios de aclarar o fundo denegrido de todos os despenhadeiros da sombra e do mal. Quem ama o bem do próximo devota-se às ideias e aos recursos do auxílio, nunca à verrina ou à má vontade para complicar os problemas com lastimável esquecimento da prosperidade de todos. Quem serve sem pruridos de paixão pessoal a uma causa sublime, qual a nossa, não estuda meios de ferir e perturbar e, sim, converte a própria ação incansável em serviço incessante pela paz e pela felicidade comuns. Compreendemos agora que, para atingir a superioridade desejável, ainda teremos de mobilizar as mais elevadas cotas de sacrifício individual pelo triunfo legítimo do Cristo nos corações.

Mas na própria tarefa encontraremos o alimento imprescindível ao coração de aprendizes do Mestre que serviu, amando em silêncio, até à cruz. Minha palavra humilde nada oferece de novo, bem o reconhecemos, entretanto possui a experiência nova com que fui aquinhoado, além do túmulo, dentro da qual vou percebendo com amplitude e exatidão que a obra do bem é empresa do Cristo e que, depois de havermos cumprido, fielmente, todas as obrigações que nos cabem na extensão da fraternidade e da luz, sob o seu amoroso comando, consoante os ensinamentos apostólicos, não passamos de meros servidores.[1]

Afonso Angeli Torteroli

Reformador | Julho de 1950

[1] Mensagem publicada no livro *Vida e obra de Bezerra de Menezes*, de autoria de Sylvio Brito Soares (FEB, 8. ed., 1962, p. 114).

AOS ESPÍRITAS

Espíritas, tutelados do novo Pentecostes, sobre as vossas inteligências jorra a fonte das águas vivas, objetivando a santificação do mundo inteiro.

Enquanto o lavrador amanha o solo e o artista burila a pedra, sois, sem dúvida, os artífices do pensamento renovado na Terra.[2]

Nossos antigos templos de alvenaria e ouro jazem frios e as nossas velhas interpretações da Divindade não mais saciam a sede de conhecimento e paz, luz e alegria. É necessário que o sol irradiante de vossa fé alcance os caminheiros da experiência, perdidos nos desfiladeiros da negação e do desalento, quais se fossem estátuas vivas e conscientes de ruína e amargura.

O mundo pede socorro não mais de palavras somente, através de promessas e exortações sem sentido, porque a

[2] Trecho reproduzido no livro *Dicionário da alma*, psicografado por Chico Xavier, por espíritos diversos (FEB, 1964). Na referida obra, a autoria foi atribuída ao espírito Luiz Florentini.

influência dos expositores das teorias salvacionistas, sem positivas demonstrações de edificação própria, imobiliza-se na epiderme da alma, sem atingir o cerne do coração. Falecem todos os processos de reajustamento moral pelos desvarios verbalistas ou pelas advertências sem qualquer ligação essencial com o Mestre e Senhor.

Não discutamos, nem vacilemos. Diante de nós, desdobra-se o escuro espetáculo da humanidade a submergir-se nas trevas.

Se é verdade que não podemos descrer da Luz ou esquecer o infinito da compaixão divina, é imperioso observar que a paisagem espiritual do planeta permanece marcada por aflitivo crepúsculo, em que as bênçãos do progresso, laboriosamente conquistadas, como que se desfazem pouco a pouco.

Embates violentos da ideia, com a decadência do raciocínio e a bancarrota do sentimento, destacam crises morais gigantescas, que mergulham a alma humana em vasto abismo de lodo e lágrimas.

E outro quadro do pretérito, nesta hora, não podemos recordar, com mais propriedade, além daquele do Mestre divino escalando o Gólgota distanciado no tempo. Arrastando-se sob a cruz, ante os sarcasmos da inconsciência, no rumo da flagelação e da morte, e escutando os lamentos das mulheres compassivas, a lhe observarem a suprema renúncia, acentuou piedosamente, murmurando:

– "Filhas de Jerusalém, não choreis por mim! Chorai, antes, por vós mesmas e por vossos filhos, porque eis que surgirão tempos em que direis: 'Bem-aventuradas as estéreis, os ventres que não geraram e os peitos que não amamentaram!' Então, clamareis para os montes: 'Caí sobre nós!', e gritareis para os outeiros: 'Cobri-nos! Porque se ao madeiro verde fazem isso, que se fará com o lenho seco?'"

À frente da nossa expectação, o painel da cidade famosa se desdobra, de novo...

Embaixo reinam a incompreensão e a miséria, a indiferença e a desarmonia, a loucura da posse e a sombra da impiedade. Nos horizontes do futuro próximo, avolumam-se nuvens pesadas de perturbação e discórdia. E no topo do monte, entre o Céu e a Terra, demora-se ainda o Cristo, atormentado pela nossa impermeabilidade e ingratidão.

E já que vós, os trabalhadores da reforma íntima, vos consagrais à missão do auxílio fraternal em companhia do Amigo celeste, preparai as fibras mais recônditas da alma para assinalar-lhe as palavras divinas, como naquele inolvidável crepúsculo da crucificação, e convictos de que só receberemos o título de companheiros do Mestre negando a nós mesmos e conduzindo valorosamente a cruz das nossas obrigações de cada dia, avancemos, servindo a todos, em seu nome, na certeza de que só a fé nos conferirá forças para superar os obstáculos da senda e de que só o amor, com trabalho constante na caridade, na esperança e no entendimento, pode pavimentar, em nosso favor, o glorioso caminho da ressurreição eterna.[3]

Júlio Florentini

Reformador | Fevereiro de 1951

[3] Segundo consta do original, a mensagem foi recebida em reunião no Centro Espírita Amor Ao Próximo, na cidade de Leopoldina, Minas Gerais, na noite de 25/06/1950.

ANTE O ALVORECER

Troa o canhão, de novo, à frente da batalha.
De novo, chora a paz, rasgando o próprio peito...
Sempre a postergação do bem e do direito
Que a sombra espessa e hostil menospreza e amortalha.

Mas além do pavor da noite e da metralha,
Sem a escura ilusão de mentiroso preito,
Fulge o reino imortal do Espírito Perfeito,
Onde o anseio da fé se aprimora e agasalha.

Do abismo tenebroso, em que ruge a procela,
A visão de Jesus renovadora e bela
Ressurgirá trazendo a luz risonha e forte.

Hosanas ao porvir da nova sementeira!
No Evangelho, resplende a vida verdadeira
Na grandeza do amor que vence a treva e a morte.[4]

Olavo Bilac

Reformador | Agosto de 1951

[4] Segundo consta do original, o soneto foi recebido em reunião pública de encerramento da I Semana do Moço Espírita de Minas Gerais, no Instituto de Educação, em Belo Horizonte, Minas Gerais, na noite de 25/07/1950.

IDE E AJUDAI

Ide e plantai no mundo atormentado e aflito
As árvores de luz do bem que aperfeiçoa.
Ide e estendei, servindo, a fé singela e boa
Que alenta o coração por bálsamo bendito.

No escuro e vasto chão, há seixos de granito
Da impiedade revel que ensombra e amaldiçoa,
Mas se guardais convosco a paz que ama e perdoa,
Acendereis na Terra a glória do Infinito.

Ao clarão do Evangelho, ensinais a verdade!
Nosso campo de ação é toda a humanidade
Que, ante o altar da ilusão, vencida, se prosterna!

Ide e ajudai, amando, entre angústias e assombros!
Sob o arado da cruz, sustentado nos ombros,
Atingireis, cantando, o sol da vida eterna.[5]

Amaral Ornellas

Reformador | Agosto de 1952

[5] Segundo consta do original, o soneto foi recebido em sessão pública na noite de 21/04/1952, em Pedro Leopoldo, Minas Gerais. Não há referência de local.

VISÃO

A natureza, em todos os reinos da Terra, é o livro da sabedoria infinita, concitando-nos ao entendimento da bondade de Deus.

A luz solar é a onipresença divina, convidando-nos à meditação na justiça e equanimidade do Senhor, que fluem para todos os seres.

A fonte é uma revelação permanente de graças, compelindo-nos a refletir na providência celeste que tanto protege os espíritos mais sábios quanto os embriões desconhecidos na profundeza do solo.

A flor é um apelo à sensibilidade, induzindo-nos a reverenciar a Perfeição excelsa, que distribui amor e beleza, em todos os recantos do caminho.

A grandeza do Céu nos rodeia, em toda parte, a fim de que a nossa visão se exercite, se ilumine e cresça...

Entretanto, meu irmão, costumas rogar poderes sobrenaturais para ver os sinais do Alto quando há tantas maravilhas em torno de teus pés!...

Se não procuramos enxergar a bênção próxima, como valorizaremos o dom ainda remoto por transcender a nossa capacidade de conhecimento? Se não cultivamos a fraternidade com o homem que respira ao nosso lado, como entenderemos o anjo distanciado de nossa posição evolutiva?

Lembra-te de que todo obstáculo é lição e de que o trabalho é a nossa estrada libertadora.

O coração amigo que te acompanha é alguém cuja abnegação deves reconhecer, antes que seja tarde, para que não acolhas o arrependimento infecundo; e o coração incompreensivo que te desajuda é sempre alguém que se faz credor do salário de auxílio fraterno para que a maldade e a ignorância diminuam na jornada de todos.

Abre os olhos e vê.

Quando Jesus se colocou ao encontro de nossas necessidades, trouxe, acima de tudo, o sagrado objetivo de nossa iluminação espiritual.

Não é preciso subir alguém ao Céu, prematuramente, a fim de entrar na posse de sublimes revelações.

O mundo é um compêndio gigantesco, em que nos cabe descobrir os recursos de melhoria e elevação.

Não te esqueças, pois, de que, abraçando os nossos deveres no abençoado serviço de cada dia, a experiência no bem conferir-nos-á ao espírito a glória imperecível da divina visão.[6]

Emmanuel

Reformador | Janeiro de 1953

[6] Segundo consta do original, o soneto foi recebido em sessão pública na noite de 23/08/1950, em Pedro Leopoldo, Minas Gerais. Não há referência de local.

LINHAS DE UMBANDA

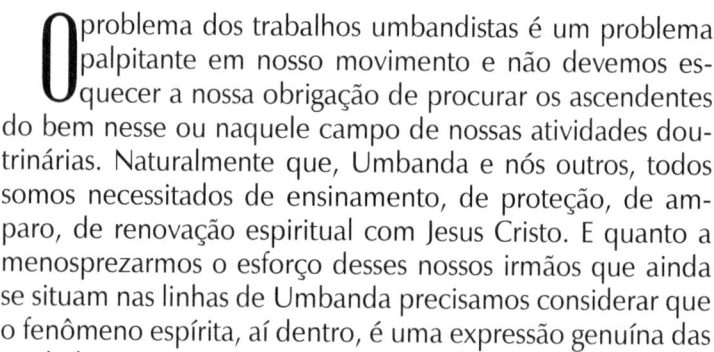

O problema dos trabalhos umbandistas é um problema palpitante em nosso movimento e não devemos esquecer a nossa obrigação de procurar os ascendentes do bem nesse ou naquele campo de nossas atividades doutrinárias. Naturalmente que, Umbanda e nós outros, todos somos necessitados de ensinamento, de proteção, de amparo, de renovação espiritual com Jesus Cristo. E quanto a menosprezarmos o esforço desses nossos irmãos que ainda se situam nas linhas de Umbanda precisamos considerar que o fenômeno espírita, aí dentro, é uma expressão genuína das verdades que estamos recebendo do Além.

O trabalho de Umbanda, quando orientado para a caridade, também não deixa de ser louvável.

Pelo que diz respeito aos impositivos da educação, simbolizemos o Espiritismo como sendo um Estado. Ora, o Estado é constituído de diversas províncias ou de diversos distritos. Encontramos em Umbanda uma província do Espiritismo, necessitada de carinho e de proteção da força governamental e orientadora. Se nós, a pretexto de sermos puros, a pretexto de sermos mais bem orientados que os outros, desampararmos os irmãos que necessitam da nossa boa vontade, naturalmente que o nosso serviço estará pecando pela base.

Assim, não vemos motivo para nos escandalizarmos com as linhas de Umbanda, e sim um imperativo de trabalho, de cooperação, de maior entendimento e de maior manifestação de amor da nossa parte.[7]

Emmanuel

Reformador | Julho de 1953

[7] Segundo consta do original, a mensagem foi transmitida por audiência a Chico Xavier, que, por sua vez, a retransmitiu ao Dr. Agnelo Morato, da cidade de Franca, no Estado de São Paulo, que a registrou em gravação, em resposta a uma pergunta sua sobre Umbanda.

QUANDO...

Quando compreendermos que a dor do vizinho é tão grande ou maior que a nossa, dispondo-nos a auxiliá-lo...

Quando substituirmos a tristeza ou o desânimo pelo trabalho na prática do bem, considerando o divino valor do tempo...

Quando aplicarmos aos outros aquilo que desejávamos nos fizessem...

Quando percebermos que os erros do próximo são quase sempre muito menores que os nossos...

Quando admitirmos que a oportunidade da alegria e da paz deve fluir do Céu não somente para a nossa casa, mas para o caminho da humanidade inteira...

Quando observarmos que as nossas esperanças e necessidades são irmãs das necessidades e das esperanças de toda gente...

Quando reconhecermos que só o bem praticado por nosso próprio esforço, com o nosso suor, com o nosso sacrifício e com as nossas mãos pode fabricar o mérito para nossa alma...

Quando admitirmos que os nossos parentes e afeiçoados não são as melhores pessoas do mundo e sim criaturas iguais às outras, carentes de nosso concurso fraterno, mas nunca de nossa lisonja corruptora...

Quando sentirmos a imposição da guerra contra nós mesmos, a fim de liquidar as serpes do egoísmo e do ódio, da ignorância e da miséria espiritual que nos combatem, sutilmente, entrincheiradas no centro de nosso próprio ser...

Quando aceitarmos a realidade de que os outros se renovarão para o bem, se estivermos para o bem renovados e de que educaremos o próximo à medida que nos educarmos...

Então a mentira fugirá do nosso campo de ação como a treva desaparece à frente da luz.

O progresso ou a decadência dependem, simplesmente, de nós.

Quem desce à intimidade da furna conformar-se-á com a sombra.

Quem se eleva para o cimo dos montes rejubilar-se-á com a bênção da glória solar.

Preparemo-nos para a verdade, aprendendo com a luta, purificando-nos com o sofrimento, afeiçoando-nos com o serviço e sublimando-nos com o amor puro, porque consoante os ensinamentos do divino Mestre só a verdade nos fará livres.[8]

André Luiz

Reformador | Setembro de 1953

[8] Segundo consta do original, a página foi recebida em reunião pública da noite de 01/06/1953, em Pedro Leopoldo, Minas Gerais. Não há referência de local. Embora homônima e do mesmo autor espiritual, a mensagem é diferente da que consta do livro *Paz e renovação*, por espíritos diversos (COMUNHÃO ESPÍRITA CRISTÃ – CEC, 1970, p. 23).

APRENDAMOS A SOLUCIONAR OS PROBLEMAS NO TEMPLO DA UNIÃO FRATERNA

Meus amigos, Jesus nos abençoe.

Espiritismo no Brasil é revivescência do Evangelho de redenção. Não nos esqueçamos dessa verdade simples para que não estejamos desajustados à frente das responsabilidades que esposamos perante o Senhor.

Em outros climas sociais e políticos, a doutrina consoladora dos espíritos tem sido relegada à retorta ou à discussão, convertendo-se em mero experimento científico ou em pura divagação filosófica, procrastinando-se divinas realizações do Plano Superior que objetivam a sublimação da humanidade.

Raros círculos fora do santuário brasileiro guardaram fidelidade à expressão real do Espiritismo como genuíno mensageiro de Nosso Senhor Jesus Cristo na restauração da Boa Nova, em sua primitiva feição. E amparados pelo "acréscimo da Misericórdia Divina" nosso movimento expressa em suas atividades essenciais o soerguimento do homem para a era nova, descerrando vastos horizontes ao conhecimento santificante como fator decisivo de recondução do homem moderno às bases da civilização cristã, que esperamos seja efetivamente erguida no planeta, nos séculos futuros.

Somos, desse modo, no Brasil, obreiros da celeste revelação, trabalhando na construção da legítima fraternidade, que, em nos regenerando, retificará igualmente a esfera em que evoluímos no rumo das supremas edificações do espírito na glória porvindoura.

Não podemos, assim, segundo nos parece, comprometer a estabilidade de um cometimento que, no fundo, não nos pertence, estabelecendo qualquer serviço de incompreensão ou intolerância que redundaria em maior agravo de responsabilidade para nós mesmos.

Aprendamos, pois, a decidir nossas afirmações de trabalho e a solucionar os problemas que nos afligem no templo da união fraternal, sob a inspiração do Mestre, que nunca falha, a benefício dos discípulos de boa vontade. Não possuímos, pessoalmente, qualquer credencial que nos autorize a formular apelos à concórdia e à compreensão dos votos que abraçamos diante de Jesus.

Cada qual de nós permanece no setor de luta que lhe foi atribuído pela Eterna Sabedoria e devemos, antes de tudo, cultuar o respeito à tarefa dos nossos associados de ideal, sem interferências descabidas no esforço a ser realizado individualmente por nós todos nas linhas de ação renovadora que nos reúne os braços e os pensamentos, as esperanças e os corações. Contudo, tanto quanto nos seja possível, auxiliemo-nos uns aos outros para que a obra da unificação dos espíritas do Brasil não periclite por nossa causa.

Recordemos a gravidade da hora que o mundo inteiro atravessa, desfalecendo à míngua de cooperação e de entendimento, de humildade e de amor, e não nos esqueçamos de que quase um milhão de companheiros do Espiritismo cristão, na terra que nos acolhe, esperam de seus orientadores exemplos de fé e trabalho sadio, de esforço e renunciação pessoal na aplicação com o Mestre da Eterna Verdade.

O momento não comporta divergências e deserções no escuro desvão das atitudes precipitadas, e na abençoada sementeira de luz que, entre nós, se cobre de flores, não será justa a deliberada implantação do escalracho venenoso do personalismo desequilibrado, erva sufocante e daninha, que em todos os tempos tem asfixiado as melhores esperanças da humanidade melhor.

Considerando, desse modo, o patrimônio das obrigações que nos foram cometidas, doemos todos os recursos ao nosso alcance para que o nosso programa de harmonia e confraternização não se reduza a discursos e textos brilhantes, sem significação para as nossas tarefas substanciais.

Alguém disse que "o Espiritismo será aquilo que os homens dele fizerem", porque, indiscutivelmente, somos a instrumentalidade de Jesus, concretizando-lhe os planos de redenção sobre a Terra. Façamos, pois, quanto estiver em nossas possibilidades para que as resoluções da nossa Doutrina de Amor sejam firmadas em assembleias dignas do nosso movimento de santificação para que a vitória nascente de nossa união evangélica seja, de fato e de verdade, hoje e sempre, uma bandeira de esperança e salvação para o mundo, em nome de nosso divino Mestre e Senhor.[9]

Emmanuel

Reformador | Novembro de 1953

[9] Segundo consta do original, a mensagem foi recebida no dia 31/08/1953 e dirigida a Francisco Spinelli, Bady Elias Curi e José Simões de Mattos. Não há referência de local. Foi publicada também no jornal *O Espírita Mineiro*, da União Espírita Mineira, na edição de agosto de 1953.

MENSAGEM FRATERNA

Irmãos,

O mundo reclama doadores de espiritualidade santificante, a fim de alcançar a sublimação a que se destina.

E há quase dois mil anos o divino Construtor planificou o reino de Deus na Terra, indicando os recursos imprescindíveis à vitória do amor no coração humano.

Do berço humilde à cruz afrontosa, Jesus traçou, com o exemplo e com o verbo, o roteiro luminoso do aprimoramento espiritual.

Em plena infância, glorifica o trabalho em Nazaré, confiando-se aos serrotes da carpintaria obscura.

No Templo, exalta a obra da inteligência, palestrando com os doutores acerca dos fundamentos divinos que regem a vida.

Em Caná, consagra o júbilo familiar, colaborando nas alegrias de uma festa de casamento.

Em Cafarnaum, eleva a simplicidade, elegendo a paisagem singela para iniciar a pregação do Evangelho que felicitaria o mundo.

No Tiberíades, valoriza o sentimento, convidando homens de coração amigo para encetarem, com ele, a Era da Luz.

Junto de Madalena, destaca a excelsitude da transformação íntima, em favor da perfeição individual.

Com Zaqueu, louva a fortuna bem conduzida.

Por onde passa, exerce a solidariedade, curando e ensinando, libertando e reerguendo almas enfermas e aflitas, abatidas e desesperadas.

Em Jerusalém, consagra o respeito às leis humanas, acatando, em silêncio, a imposição de um tribunal que se deixa absorver pela turba inconsciente.

No Gólgota, revela a grandeza do sacrifício por norma de engrandecimento da vida eterna.

Serviço.

Cultura.

União.

Pureza.

Boa vontade.

Socorro fraterno.

Renovação.

Bem-estar comum.

Ordem.

Renúncia pessoal.

Eis, em síntese, o projeto do Cristo para o estabelecimento do reinado do amor. Aceitando-o, nos arraiais do Espiritismo evangélico, lembremo-nos de que a nossa consoladora Doutrina, em toda parte, é Jesus no comando da vida, aguardando de nós todos o testemunho pessoal de entendimento e de ação.[10]

Emmanuel

Reformador | Novembro de 1953

[10] Segundo consta do original, a mensagem foi recebida na noite de 22/08/1950, em Pedro Leopoldo, Minas Gerais, e dirigida aos confrades de Vila Mariana, São Paulo. Não há referência de local.

SOFRE

Alma presa aos grilhões do barro obscuro,
Sofre a imensa tristeza que te invade,
Tecendo as asas da Imortalidade,
Para a ascensão sublime do futuro.

Além do chão terrestre áspero e duro,
Brilham jardins de sol na Imensidade
E palácios divinos de ouro e jade,
Emoldurando as glórias do amor puro.

Sofre no chavascal, mas luta e avança
Sob a luz da Bondade e da Esperança,
Padecendo e chorando por vivê-las!

E, ave subindo às amplidões supremas,
Em breve romperás trevas e algemas,
Para fulgir na pátria das estrelas.[11]

Cruz e Souza

Reformador | Dezembro de 1955

[11] Segundo consta do original, o soneto foi recebido em reunião da noite de 13/09/1955, em Pedro Leopoldo, Minas Gerais. Não há referência de local.

MENSAGEM

Nosso intercâmbio prossegue ativo.

Não mais com papel e tinta, mas com alma, pensamento, coração... Através da comunhão espiritual, a ideia fulgura, viva e brilhante, e, por ela, os corações vivem juntos, na mesma faixa de esperança e de amor.

Ainda assim a carta grafada vale por reafirmação de ternura e valho-me do expediente que passou para reiterar-te a confiança de sempre, no carinho insuperável que fica.

Efetivamente, não temos novidades a relatar.

Nas linhas da tarefa que nos foi confiada, não podemos trair a continuidade, a sequência, o ritmo... Em razão disso, tudo que procurássemos redizer não teria outro sentido além do apelo que será justo sintetizar com as nossas velhas palavras: "Para a frente!".

Não vemos, ainda assim, como não comentar a necessidade de aplicação direta dos princípios superiores que esposamos, nesta hora em que a tormenta ruge, por toda a parte, ameaçando-nos com a subversão dos legítimos valores da vida. É desnecessário profetizar a decadência quando o homem respira, no mundo, pavoroso momento de transição. E ao sopro destruidor das grandes provas morais, que varrem a Terra, é imperioso resguardar nosso próprio espírito no santuário da ação, porque somente o refúgio no bem será o antídoto eficiente contra o "morbus" do desequilíbrio e da morte a espalhar-se na atmosfera da humanidade.

Indubitavelmente favorecidos com a bênção do Espiritismo que veio ao nosso encontro, em nome do amor paternal de Deus, nele percebemos o clima de regeneração que nos é necessária, proporcionando-nos valioso material de reconstrução do próprio destino, mas não podemos recebê-lo à maneira de quem recolhe um prêmio gracioso da Bondade Celeste e sim como instrumento de nosso próprio resgate.

Nossos templos de fé representam abençoado pousio da alma, o correio entre os dois mundos é motivo de preciosas consolações e a mediunidade conduzida para o bem como que se assemelha à porta de reencontro entre homens e anjos. Entretanto, meu filho, somos ainda o que fomos. Retalhos de sombra ante a glória da luz, consciências endividadas à frente da Lei, reclamando a reabilitação de si mesmas, corações esperançados no Céu, mas ainda no cárcere das próprias paixões e, por isso mesmo, chumbados ao solo escuro do planeta.

A qualquer tentame de elevação somos retidos pelo volumoso lastro de nossos débitos e daí os conflitos que surgem dentro de nós, inclinando-nos, por vezes, à desesperação e ao desânimo.

Continuemos, assim, resolutos a serviço da educação que nos restaure, restaurando aqueles que nos partilham a estrada.

Com a nossa trilogia de paz, caminhemos para diante.

Com o Evangelho, semearemos o amor. Com o Espiritismo, difundiremos a luz. Com o Esperanto, desenvolveremos a fraternidade.

Amando e iluminando, irmanemo-nos uns aos outros.

Tanto quanto nos seja possível estimulemos nossos companheiros espíritas-esperantistas à fundação de núcleos de estudo e trabalho, capazes de acelerar a marcha da evangelização, do esclarecimento e da solidariedade das criaturas e dos povos.

Não basta estejamos armados de conhecimento superior para que atinjamos a Vida Mais Alta.

Ideias e ideais são as raízes de qualquer realização na vida e precisamos mobilizá-los no engrandecimento de todos, a fim de que a nossa edificação prossiga em segurança.

Os recursos materiais na Terra fazem monumentos e máquinas, entretanto só o caráter e o sentimento criam operários e valores suscetíveis de aproveitá-los na exaltação do progresso. Ainda que o nosso esforço não possa ser entendido de pronto, não desfaleçamos, continuemos abrindo sulcos na inteligência para que o homem desperte e viva entendendo a missão que lhe cabe no concerto da obra divina.

Guardemos nossos olhos e ouvidos, pensamentos e corações contra qualquer nuvem de incompreensão e discórdia, exclusivismo e intolerância, e, decerto, plasmaremos nova senda ao porvir, em favor de nós mesmos.

Imenso é o combate, mas à distância dos milênios que se foram possuímos os milênios que virão. E os séculos porvindouros serão, invariavelmente, o reflexo do "agora".

Soldados da luta cristã, sustentemos a chama de nossa fé na vanguarda.

Firam-se-nos os pés ou jorre sangue de nossas feridas, sejamos fiéis hoje e sempre.

Ofereçamos a Deus no campo do mundo o melhor de nossas vidas e em contraposição às trevas de ontem veremos surgir no horizonte, ainda hoje, a gloriosa alvorada que nos espera amanhã.

Abraços muito afetuosos do teu[12]

Abel

Reformador | Janeiro de 1956

[12] Abel Gomes. Não consta do original o local da psicografia.

FAÇAMOS A LUZ

Não olvides quem vai gemendo em rumo incerto,
Na cruz da expiação que chora e desatina,
Varando o turbilhão de miséria e neblina
Entre o vento da noite e a sede do deserto.

Medita e traze à dor o coração desperto
No pão que reconforta e no verbo que ensina.
Desdobra sobre o mal a bondade divina.
Semeia, enquanto é hoje, o amanhã que vem perto.

Embora desditoso, humilhado e sozinho,
Segue plantando o amor nas margens do caminho,
Sustentando contigo a fé sublime e forte.

Ampara, alenta, ajuda, esclarece e levanta,
Que o bem, seja onde for, é a luz piedosa e santa,
Que clareia na Terra e brilha além da morte.[13]

Amaral Ornellas

Reformador | Fevereiro de 1956

[13] Segundo consta do original, o soneto foi recebido durante reunião comemorativa do aniversário do Centro Espírita Luz e Humildade, de Belo Horizonte, Minas Gerais, na noite de 24/09/1955. Também publicado na edição de outubro de 1978.

IRMÃOS E AMIGOS

Irmãos e amigos,

Louvado seja Nosso Senhor Jesus Cristo.

Em quase um século de codificação kardequiana, vimos as mais variadas experiências no campo da Doutrina Espírita, surgindo e desaparecendo à maneira de cintilações no firmamento das esperanças humanas, cedo absorvidas pelas sombras milenárias que senhoreiam o pensamento terrestre.

Anotamos arrojados espetáculos científicos, em que, atendendo às requisições de sábios honestos, elevados mensageiros prestaram as mais eloquentes demonstrações da sobrevivência individual, depois da morte, e identificamos o levantamento de preciosas tribunas para discussões filosóficas por intermédio das quais abnegados instrutores da palavra trouxeram à inteligência os mais altos testemunhos da verdade pura.

Entretanto quase todas as empresas da Ciência e quase todos os cometimentos da Filosofia imobilizaram-se à distância do progresso, confundindo-se, muitas vezes, com a negação sistemática por exigirem a interminável recapitulação de estudos e pesquisas, com grave perda de tempo para os quadros evolutivos da humanidade.

É que, em maioria, os investigadores das realidades eternas de todos os tempos pretenderam, debalde, ajeitá-las a transitórias conveniências do mundo como se lhes fosse possível desviar o prumo da verdade. Outros perseguiram, simultaneamente, a revelação do Céu e o domínio da Terra, proclamando a fraternidade e cultivando o ódio de raça, destacando as excelências do amor e desvairando-se nas paixões desregradas ou, ainda, exalçando a incorruptibilidade dos bens terrestres e algemando-se, eles mesmos, à cobiça vulgar.

Enquanto isso, e enquanto respeitáveis experimentações de nossa fé acenam e passam nos cenários do mundo, a obra de Ismael prossegue firme. Situada no Brasil para efetuar a revivescência do Evangelho de Nosso Senhor Jesus, assentada no Espiritismo, que constitui o glorioso Paracleto, a tarefa sublime do excelso Emissário, sediada na Federação Espírita Brasileira, continua usando as chaves da Codificação de Allan Kardec para descerrar aos tempos novos a claridade imperecível das lições do Senhor. É por isso que ele representa, em todos os recantos do grande lar brasílio, não somente o pão dos famintos e o agasalho para os nus, o socorro aos doentes e o amparo às criancinhas necessitadas, o asilo dos velhos relegados ao abandono e o refúgio dos sofredores, mas também a fonte de luz para a formação do verdadeiro entendimento evangélico, pelo qual a fraternidade legítima e o serviço ao próximo consigam substancializar a justa renovação espiritual da Terra inteira.

Reunidos, pois, convosco, em nome da causa de Ismael, reafirmamos as responsabilidades de nosso mandato como servidores humildes do excelso Mensageiro.

A iluminação dos corações e das consciências sob a égide da Boa Nova na esfera do Espiritismo é, indiscutivelmente, o florão de nossas mais elevadas promessas.

Conduzamos, assim, o Evangelho a todas as criaturas, no trabalho da educação redentora, com Jesus, por Jesus e seguindo para Jesus, hoje e sempre, porque nas pompas cerebrais da civilização do Ocidente o Espiritismo sem Cristo seria apenas mais uma aventura da experimentação e do raciocínio a caminho do caos.[14]

BITTENCOURT SAMPAIO

Reformador | Maio de 1956

[14] Segundo consta do original, a mensagem foi recebida em 15/04/1956, em Pedro Leopoldo, Minas Gerais, por ocasião da visita do presidente da FEB ao médium mineiro.

AUXÍLIO AOS QUE PARTEM

Não observes a criatura cuja palavra a morte emudeceu como alguém que se aniquilou.

Corpo gasto é apenas veste rota.

Se ainda ontem oferecias devotamento aos que atravessam as barreiras da sepultura, por que motivo transformarás, agora, as flores do teu amor em espinhos de desespero?

Quem parte quase sempre transporta consigo aflições e problemas que não consegues imaginar!...

Muitos daqueles que de ti receberam entendimento e carinho abandonaram a Terra conduzindo consigo as paixões que lhes devastavam o ser, os dissabores em que se cristalizaram, as angústias da separação e as chagas do remorso que adquiriram.

Não lhes atires fogo à alma inquieta através do pranto inconsiderado.

Ajuda-os com a prece amiga e faze algo que lhes garanta a libertação, fortalecendo-lhes a esperança ou socorrendo a viuvez e a orfandade que lhes recordam o nome, atenuando o sofrimento e a treva que deixaram na retaguarda.

Comentando-lhes a passagem no mundo, destaca-lhes os anseios e as qualidades nobres, reportando-te aos elevados desejos que não puderam realizar.

Não salientes o mal de que foram vítimas, nem te refiras aos enganos a que se acolheram, porque teu pensamento e teu verbo atingem o Mais Além com endereço infalível.

Não provoques o pranto de quem já chorou em demasia à frente da verdade, nem apagues a chama da fé viva que brilha em favor daqueles que se tresmalham nos labirintos do ódio.

Auxilia-os como puderes e acende o lume da oração junto deles para que se restaurem com segurança.

Não olvides que amanhã serás o indeciso viajante das sombras, supostamente morto para os que ficam, e somente por teu incessante auxílio aos outros é que dos outros receberás o auxílio de amor, luz e paz.[15]

Emmanuel

Reformador | Novembro de 1956

[15] Segundo consta do original, a página foi recebida em reunião na noite de 20/03/1956, em Pedro Leopoldo, Minas Gerais. Não há referência de local.

DISCERNIMENTO

*"Amados, não creais a todo espírito,
mas provai se os espíritos são de Deus."*
– João, 4: 1

Busquemos discernir a luz para que a treva não nos engane.

No âmbito de nossos postulados, é indispensável estejamos alerta na execução dos deveres que o Senhor nos confia, aprendendo e servindo ao sol do bem, infatigavelmente, a fim de que as sombras da idolatria e da leviandade não nos tomem o coração.

Abraçando na Doutrina Espírita o Evangelho restaurado, é imperioso sejamos intérpretes de sua grandeza em pensamento, palavra e ação, sem quaisquer particularismos de ordem pessoal.

Nossa Doutrina redentora pode ser assim considerada à feição do celeiro de valores espirituais de que se aproveitam os trabalhadores da Boa Nova para estenderem o consolo e a instrução, o socorro e a bênção.

Esses valores, funcionando como sementes de renovação e progresso, podem e devem ser usados por amigos da Espiritualidade e por batalhadores do campo humano nos mais diversos lances da experiência.

Comunicar-se-á, desse modo, o tarefeiro desencarnado com qualquer companheiro da Terra, qual o lavrador que, decerto, muitas vezes despenderá mais atenção para com o pântano ou para com a gleba insultada de espinhos, na extensão da cultura que lhe compete realizar, à maneira do próprio Cristo que afirmou não ter vindo ao caminho da humanidade para curar os sãos.

Assim é que mensagens do Além ou pregações do mundo, quando incompreendidas ou espoliadas em sua significação natural e justa, não atingem o corpo de princípios doutrinários que representam a fonte de nossa regeneração e acrisolamento para a Vida Superior.

Todos nós, nas esferas de luta em que nos entrosamos, somos criaturas necessitadas de aprimoramento e resgate, laborando sob os impositivos da própria sublimação diante da Lei.

Eis por que a nós todos é imprescindível o estudo meditado e a prática sincera da Doutrina que esposamos sob a égide do Mestre divino, cabendo-nos a obrigação de escutar, com o necessário discernimento, a palavra dos que falam em nome do Evangelho, provando no íntimo de nós mesmos se procedem da inspiração do Senhor, porquanto os espíritos a que se refere o apontamento apostólico tanto podem ser desencarnados quanto encarnados, com residência temporária no plano físico ou no Espaço, na Terra ou no Céu.

Emmanuel

Reformador | Fevereiro de 1957

EM SAUDAÇÃO À CASA DE ISMAEL

As rivalidades de Tróia eram o assunto palpitante de cronistas e guerreiros do mundo antigo, culminando com a perseguição dos gregos, famintos de vingança. Entretanto, da corte de Príamo, do arrojo de Páris, da beleza de Helena, da bravura de Aquiles e da habilidade de Filoctetes restam apenas os livros admiráveis de Homero, que brilham na cultura terrestre há quase três milênios.

Condenado pelos preconceitos de sua época, Sócrates, o filósofo eminente, foi constrangido a morrer pela cicuta. Todavia, enquanto o recinto da Acrópole encerra hoje consigo tão-somente o mausoléu da glória de Atenas do passado, as ideias do grande pensador continuam vivas na atualidade através dos livros de Platão.

O primeiro século do Cristianismo sofreu a presença de tiranos dignos de piedade, mas da espessa camada de cinza em que desapareceram o capricho de Tibério, a loucura de Calígula e a insânia de Nero ressurgem os livros imortais de Horácio e Virgílio, Tito Lívio e Salústio, plasmando as mais nobres expressões do gênio latino.

Os séculos XVI e XVII anotaram, estarrecidos, os processos da Inquisição que estenderam garras de cativeiro e crueldade sobre o corpo da Europa. Contudo, das fogueiras e calabouços do Santo Ofício, renascem, plenos de beleza, os livros de Shakespeare e Cervantes, Lafontaine e Racine, definindo os anseios da humanidade.

O século XIX, iniciado sobre o sangue da revolução e da guerra, contemplou transições violentas e rudes, fustigado pelas sombras do ateísmo e da negação. No entanto, da luta aberta dos generais e dos ditadores, e do pessimismo exagerado de escritores e cientistas que o túmulo encobre, destacam-se os livros de Allan Kardec, revivendo o Evangelho de Jesus no Espiritismo, em pletora sagrada de sublimes consolações.

Só o livro é a claridade que fica entre os homens como herança dos homens que ensinam e passam.

Sem ele, as civilizações de ontem dormiriam nas trevas.

Ele é a voz reveladora da Índia no Maabarata, o canto da Pérsia no Zend-Avestá, a palavra do Egito no Livro dos Mortos, a experiência da China no Yi-King e a fidelidade do povo hebreu no Velho Testamento.

Nele, conserva Pitágoras a flama da ciência.

Por ele, flui o pensamento de Sidarta, o santo instrutor do Budismo.

Com ele, Jesus, o divino governador da Terra, acende a lâmpada imperecível do seu Evangelho de redenção e de amor.

Celebrando, pois, o primeiro centenário de *O Livro dos Espíritos*, reverenciamos a memória de Allan Kardec, saudando igualmente a Federação Espírita Brasileira que, em três quartos de século do Espiritismo codificado, vem construindo no silêncio e no trabalho de sua obra impessoal, sob a égide dos mensageiros da Vida Superior, o santuário moral do livro espírita dentro da dignidade doutrinária, clareando consciências e inspirando corações para o serviço do Cristo como roteiro de claridade, fonte de esperança e celeiro de luz.

Irmão X

Reformador | Abril de 1957

APONTAMENTO JUSTO

Mostra-se você injustificavelmente surpreendido com os empreendimentos de notável sacerdote, que para combater a heresia espírita, expressão por ele usada, viaja agora, de cidade em cidade do nosso vasto país, ilustrando as próprias conferências com espetáculos de hipnotismo vulgar. Escolhe aqui e ali sujeitos neuróticos ou extremamente sensíveis e, colocando-os em sono provocado, compele-os a visões e alucinações diversas, à maneira dos poderosos obsessores que manobram vítimas indefesas, com o doentio propósito de obscurecer a mediunidade e desacreditar o Espiritismo em sua feição clara e simples.

Barateando o culto de sua própria fé, o clérigo eminente, erguido à categoria de mago comum, improvisa formas-pensamento e impinge-as, afoito, à mente passiva dos instrumentos que lhe acatam as ordens, plasmando quadros de sabor religioso, aos quais não escapa nem mesmo o vulto sagrado de nossa Mãe Santíssima, operando insólitas atitudes em seus pacientes extáticos e arrancando, com isso, gargalhadas e aplausos de quantos lhe prestigiam as estranhas exibições.

Do que possa pensar ou concluir sobre o assunto a venerável autoridade da Igreja Católica, de que é ele zeloso representante, nada nos ocorre dizer, porque, quase sempre, quem persegue a verdade costuma flagelar a si mesmo.

Acontece, porém, que após a demonstração popular a que se afeiçoa proclama nosso irmão que o Espiritismo se resume a feixe de fenômenos miseráveis, congregando bonzos e idiotas em torno dos médiuns que, na apreciação do elegante orador, não passam de histriões e pelotiqueiros.

E afirma com estentor que apenas abraçamos um conjunto de extravagâncias, sem qualquer ligação com o Cristianismo, que ele pretende defender e honorificar.

Esquece-se o distinto religioso de que a Doutrina Espírita é um santuário de princípios morais, em que o ensinamento de Jesus brilha, renascente, restaurando a integridade e a pureza da fé cristã no caminho dos homens, sublimando o coração e redimindo a inteligência, e de que a mediunidade é expressão natural da vida, em toda parte, seja na existência dos santos, cuja memória as igrejas perpetuam, seja no apostolado ingente dos médiuns respeitáveis dos templos espíritas ou na provação dos obsessos que se abrigam nos manicômios.

Espíritos sábios e ignorantes, felizes e infelizes, corretos e transviados podem surgir em qualquer lugar do planeta, assimilados por aqueles que lhes comungam as opiniões e as tendências.

Em razão disso, segundo é fácil verificar, os eventos mediânímicos e o Espiritismo são essencialmente diversos, sem ser antagônicos entre si.

Importa, contudo, reconhecer que se a nossa Doutrina redentora utiliza os fenômenos dessa ordem, disciplinando-lhes as manifestações para ajudar e consolar, fortalecer e instruir, não foi ela quem começou semelhante obra de educação e benemerência em socorro das criaturas, e sim o nosso divino Mestre, que encetou o seu ministério sublime metamorfoseando a água em vinho nas bodas de Caná, passando ao magnetismo divino com que levantou paralíticos e limpou leprosos, restaurando enfermos, restituindo a visão aos cegos e chamando à vida corpos que a morte já começara a necrosar. Foi ele, Nosso Senhor, quem se entreteve a doutrinar os desencarnados desditosos que residiam nos sepulcros, quem se compadeceu dos obsidiados, soerguendo-lhes o ânimo, quem materializou espíritos sublimados no Tabor e quem voltou da sombra do túmulo para dizer aos companheiros desalentados e aflitos que a vida prossegue, vitoriosa, além das cinzas terrestres, conferindo a cada um de nós o resultado de nossas próprias obras, em perenidade de justiça e ressurreição.

Entretanto, se o nosso preclaro sacerdote, por agora, não se lembra disso, não se preocupe você e continuemos estudando e servindo, em nosso campo de ação, porque o tempo tomará conta dele e qual aconteceu a todos nós, os espíritos recalcitrantes da vida humana, conduzi-lo-á, um dia, imperturbavelmente, até o grande rio da morte, em cujas águas profundas encontrará ele a grande revelação.

Irmão X

Reformador | Agosto de 1957

DOUTRINA RENOVADORA

Espiritismo – doutrina renovadora. Codificada por Allan Kardec, sob a égide do Senhor, teve os seus princípios e medianeiros experimentados no laboratório, examinados no gabinete e discutidos na praça pública.

É impossível efetuar-lhe o inventário de preciosas realizações em vinte lustros de atividade.

Revelou pela demonstração positiva a sobrevivência do ser além da morte.

Fez-se o pálio de imarcescíveis consolações para a humanidade.

Descerrou as realidades da reencarnação, trazendo sentido novo às questões do destino.

Abriu novos horizontes à glória do espírito.

Baseou a fraternidade nos alicerces da razão pura.

E reconstruiu o santuário da fé viva que o dogmatismo religioso havia transformado em deserto.

Entretanto não será lícito arrear-lhe o lábaro augusto com atitudes exteriores.

É imperioso que, à feição de seus vexilários humildes, nos arregimentemos para a obra da luz e do amor, abraçando não apenas os nossos compromissos no culto tradicional.

É indispensável a movimentação de nossos valores para que a sua influência divina se estenda a todos os que nos cercam.

A lavoura do coração e do cérebro reclama esforço ingente.

Caridade por disciplina.

Educação por dever.

Virtude e conhecimento.

Benemerência e instrução.

Sem dúvida, achamo-nos muito longe do amor que brilha na auréola dos santos e do fulgor intelectual que ornamenta a fronte dos sábios.

Contudo é preciso começar a sublimação como quem começa a existência.

Diz-nos o Senhor na bênção da Escritura:

– "Misericórdia quero e não sacrifício".[16]

E o Espírito da Verdade, na Codificação de Kardec, afirma convincente:

– "Espíritas, amai-vos, eis o primeiro ensino. Instrui-vos, eis o segundo".

---

[16] Nota de *Reformador*: *"Essa frase, em Mat. 9: 13 e 12: 7, na tradução para o Esperanto, em vez de "Misericórdia" diz "Beneficência", isto é, "Mi deziras bonfaradon, sed ne oferon".*

Urge, assim, que a nossa beneficência não se expresse tão-só na doação daquele supérfluo de que nos desvencilhamos com enfado, e que a nossa cultura doutrinária não se limite a mera repetição de fórmulas verbalistas.

Erguer orfanatos, sim, com vistas à infância que o abandono injuria, mas chamar ao calor da própria alma a criança infeliz do lar subnutrido que viceja, mirrado, ao pé de nosso jardim doméstico.

Edificar, indiscutivelmente, sanatórios e retiros para a saúde e refazimento do enfermo que padece na via pública, no entanto não desprezar o doente que, em sua pobreza oculta, sofre em silêncio a prova que regenera.

Materializar, decididamente, institutos e escolas que formem, com valor, na extinção da treva, todavia ofertar a lâmpada do alfabeto ou o socorro de um livro nobre ao companheiro que viaja na sombra da ignorância ou do desespero.

Todos somos calcetas à frente da justiça divina.

Todos, porém, detemos valiosos recursos para ajudar no apostolado da libertação uns dos outros.

O auxílio que ninguém pede é a chave milagrosa do auxílio de que todos necessitamos.

Multipliquemos os nossos potenciais de trabalho renovador, retirando-nos de nós mesmos ao encontro do irmão que passa.

Embora sejamos almas detidas nas grades da Lei, para justas reparações, ainda assim é possível fazer muito.

Jesus, o Senhor, veio da magnificência divina, buscando, com discrição e bondade, as chagas de nossa imensa miséria para leni-las com bálsamo salutar.

Reconfortou-nos e instruiu-nos, tolerou-nos e curou--nos, sem condenar a incompreensão com que lhe preparamos a cruz.

De posse, hoje, dos tesouros eternos do Espiritismo, saibamos, desse modo, esposar como nosso dever puro e simples o culto da assistência fraterna e o serviço da educação.[17]

Emmanuel

Reformador | Janeiro de 1958

[17] Segundo consta do original, a mensagem foi recebida em 17/11/1957. Não há referência de local.

CALVÁRIO ACIMA

O calvário das provas terrenas é o preço de nossa ressurreição.

Agradeçamos a poeira da senda que atravessamos sob o peso da cruz, bendizendo as chagas que purificam o coração.[18]

A dor revela júbilos sublimes como a noite descerra as maravilhas celestiais.

Tenhamos coragem, ainda e sempre.

Enquanto escalamos o monte da redenção, o suor e o pranto da fadiga nos expurgam a face, muita vez, enevoando-nos a visão, contudo atingiremos o Alto e, de joelhos, abençoaremos os espinhos que nos dilaceraram e as pedras que nos feriram.

Decerto, no jardim humano, o perfume das flores passageiras nos entontece, mas no escabroso caminho da ascensão espiritual nossas flores mais belas são as que desabrocham da compreensão e do amor que nunca morrem.

---

[18] Trecho reproduzido no livro *Dicionário da alma*, psicografado por Chico Xavier, por espíritos diversos (FEB, 1964).

Busquemos a alegria recôndita das almas que, gradativamente, se libertam dos compromissos com a sombra e acariciam as promessas da luz, e desfrutaremos a divina serenidade daqueles que selam na renúncia e no sofrimento a certeza da própria renovação.

Continuemos lembrando o eterno Benfeitor que passou na Terra como sendo o "Amor Não Amado"... Nem por isso deixou Jesus de estender as bênçãos do serviço a todos no erguimento do bem. Levantando os tristes e curando os doentes, ajudando e amparando sem descansar, não dispunha de uma pedra onde repousar a dolorida cabeça.

Seja o Cristo nosso exemplo constante! Recordemo-lo, em todas as nossas horas, para que o tempo não seja para nós um empréstimo frustrado e procuremo-lo, cada dia, a fim de que saibamos desculpar infinitamente e servir sem esmorecer.

Nossas dificuldades são nossos guias, e os aguilhões do mundo, criando em nós desencanto e ansiedade, são as bênçãos de luz que nos incentivam à procura do Céu.[19]

Agar

Reformador | Janeiro de 1958

---

[19] Segundo consta do original, a página foi recebida em reunião da noite de 07/03/1956, em Pedro Leopoldo, Minas Gerais. Não há referência de local.

ANOTEMOS

Para verificar se os espíritos comunicantes são de Deus, entre as inquietações humanas, é imperioso saber se são portadores do verdadeiro bem.

Do bem que não se tisne de vaidade, que não se esconda nas aljavas do orgulho ou que não se envenene com a viciação do egoísmo feroz.

Nesse sentindo, convém lembrar que Jesus, o maior intérprete do Supremo Senhor entre os homens, medianeiro da Eterna Glória nas obscuridades do mundo, jamais fugiu ao padrão de humildade e simplicidade que lhe selaram a obra.

Genuíno profeta da Luz, não se esmera em exigir para companheiros os doutores do Sinédrio mergulhados no preconceito.

Acolhe os amigos singelos da Natureza, com eles repartindo o pão da sabedoria celestial.

Mestres dos mestres, não se preocupa em erguer uma cátedra à altura de sua grandeza, contentando-se em conversar com alguns doentes e com alguns infelizes, congregando em torno de si pobres mulheres e criancinhas sem lar.

Médico sublime, não se mostra interessado em curar as enxaquecas de Ântipas ou as crises nervosas de Pôncio Pilatos, preferindo servir aos enfermos desamparados e anônimos da via pública.

Fácil, portanto, conhecer quantos se desviam da claridade divina quando se revelam no labirinto das cogitações humanas. Se a palavra do mensageiro está repleta de promessas mirabolantes ou de vaticínios estranhos, de frases louvaminheiras ou de avisos aterradores, sem o mérito da lei que manda a cada um de nós semear no campo do bem para a colheita do bem, é preciso resguardar a vigilância nas mais íntimas cordas do coração, a fim de não perdermos o genuíno contato com a esperança do Cristo na construção divina do amor.[20]

Emmanuel

Reformador | Abril de 1958

[20] Segundo consta do original, a página foi recebida em reunião pública na noite de 18/11/1957, em Pedro Leopoldo, Minas Gerais. Não há referência de local.

DIANTE DA SOMBRA

Como tratava Jesus aqueles que se lhe revelavam em falsa posição no caminho?

Decerto que o Senhor nunca aderiu aos enganos que os vitimavam, entretanto, trazendo-os à justa recuperação com a verdade, jamais deixou de temperar essa mesma verdade com as bênçãos da fé operante e do incomensurável amor.

Ele não ignorava que Maria de Magdala jazia possessa de sete demônios, contudo ampara-lhe os sentimentos para que se engrandeça na renúncia santificante.

Sabia que Zaqueu se mostrava possuído pela treva da usura, mas convida-o docemente ao serviço do bem de todos.

Não desconhecia que Simão Pedro, em certas ocasiões, se entregava, inerme, a perseguidores invisíveis que lhe conturbavam a mente, no entanto fortalece-lhe a confiança, pouco a pouco, nele plasmando um herói de beleza divina.

Cientificou-se de que Judas se rendera a tremendas tentações, engodado pelos gênios da exploração política, mas, longe de expulsá-lo, conchega-o, de encontro ao próprio seio, até o perdão incondicional.

Reconhecia Saulo de Tarso sob a dominação de entidades cruéis que o fixavam na intolerância e no crime, no entanto ele mesmo lhe levanta o coração às portas de Damasco e dele faz o apóstolo de sua bondade excelsa.

Se sabes, pois, onde se ocultam erros e ilusões, não te convertas em falso profeta do Senhor, condenando e fugindo em seu nome.

Não te entregues à sombra, mas oferece-lhe a tua luz.

Não te confies ao ódio, mas estende-lhe a bênção de teu amor.

Se a verdade te clareia o caminho, lembra-te de que não fostes chamado por Jesus para amaldiçoar e destruir e, sim, para abençoar e ajudar, renovar e redimir para a glória do eterno bem.[21]

Emmanuel

Reformador | Setembro de 1958

[21] Segundo consta do original, a página foi recebida em reunião pública da noite de 29/06/1956, em Pedro Leopoldo, Minas Gerais. Não há referência de local. Embora do mesmo autor espiritual, a mensagem é diferente da que consta do livro *Relicário de luz* ("Diante das sombras"), por espíritos diversos (FEB, 1962, p. 132).

PERDÃO

Examinando o imperativo da indulgência incondicional com que devemos reger o sistema de relações uns com os outros, recordemo-nos de que Jesus não apenas recomendou "perdoai setenta vezes sete", mas advertiu igualmente "amai os vossos inimigos e orai pelos que vos perseguem e caluniam".

É que o divino Mestre não nos induzia ao perdão palavroso que, quase sempre, é orgulho naquele que o dispensa e chaga esfogueante naquele que o recolhe.

Reportava-se ao pleno olvido da ofensa, com trabalho incessante, a benefícios dos ofensores.

E como o excelso Amigo substancializou todos os seus ensinos com os próprios testemunhos, é possível observá-lo, desde cedo, na administração desse talento de luz.

Não invoca, em circunstância alguma, a grandeza de sua posição hierárquica para lastimar a dureza das criaturas, que o relegaram à manjedoura de que se valeu para iniciar o apostolado entre os homens, mas aproveita a estrebaria singela para deixar ao futuro a herança da humildade sublime.

Não se queixa da tirania intelectual das autoridades de Jerusalém, que fazem ouvidos moucos à palavra redentora de que se faz mensageiro, no entanto utiliza-se da circunstância para valorizar a fé e a simplicidade dos pescadores que lhe ofertavam o coração.

Negado por Simão Pedro, não se demanda em acusações, ao contrário ora em silêncio pelo companheiro enfraquecido na sombra.

Olvidado pelos amigos que lhe haviam festejado a presença na véspera, não se reporta à ingratidão popular com qualquer manifestação de amargura para somente quinhoá-los com a bênção de seu amor.

Incompreendido por Judas, não lhe obscurece o caminho com a lama das críticas pessoais. Aceita-lhe a atitude infeliz, auxiliando-o, sem azedume e sem reprimenda.

E além do sepulcro a que fora constrangido pela maldade de quantos lhe exigiram a morte, volta aos aprendizes e seguidores, sem qualquer apontamento em torno de seu sacrifício, convertendo a ressurreição no cântico de trabalho renovador que perdura até hoje, em toda parte onde a bandeira cristã brilha, pura, consoladora e vitoriosa.

Se te propões, assim, a perdoar, faze-o amando e servindo, na certeza de que a benevolência é o antídoto do egoísmo, como a luz é a salvação contra o domínio das trevas.

E amando e servindo, sem ruído e sem pretensão, transformarás tua dor em mensagem divina a todos os que te cercam, aprendendo com o Mestre, do qual te fizeste discípulo, que perdão é serviço incessante no bem, com perfeito esquecimento de todo o mal.[22]

Emmanuel

Reformador | Setembro de 1958

[22] Segundo consta do original, a página foi recebida em reunião pública na noite de 22/03/1957, em Pedro Leopoldo, Minas Gerais. Não há referência de local.

HIPNOTISMO E ESPIRITISMO

A pretexto de deslustrar a Doutrina Espírita, existem hoje vários amigos do sarcasmo dispostos a ridicularizar-nos os princípios, utilizando comezinhos fenômenos de hipnotismo comum.

Bufoneando em assuntos sérios, procuram desacreditar as ocorrências medianímicas, ignorando, deliberadamente, que todos os acontecimentos religiosos nelas se encontram seguramente fundamentadas; e insuflam a hipnose em sensitivos vulgares, através da qual efetuam representações ostentosas, que impressionam expectadores desprevenidos ou ignorantes pelo sabor de escândalo e comicidade com que as levam à cena.

Surgem, assim, pessoas que, no sono provocado, sofrem o império da sugestão e, em atitudes burlescas, imitam artistas célebres, experimentam alucinações visuais e auditivas, repetem movimentos automáticos, copiam vozes e gestos dos animais ou satisfazem determinações pueris, quando não sejam criaturas previamente instruídas para o lançamento desse ou daquele jogo de impressões, com vistas à fascinação popular.

Recordemos – vede bem – que essa é a técnica das inteligências sombrias, que se transformam em obsessores e vampiros da Terra, convertendo a mediunidade potencial em triste instrumento da perturbação e da treva. Prevalecem-se de forças mentais aviltadas para conturbar e anestesiar as consciências humanas, favorecendo a irresponsabilidade e alentando a viciação, endossando a delinquência e retardando o progresso.

Saibamos, no entanto, opor o bem ao mal, a brandura à violência, o amor ao ódio, o silêncio à balbúrdia, com o perdão incondicional aos ataques de qualquer natureza, rogando a bênção de Deus, nosso Pai de Infinita Bondade, para todos os cultivadores da injúria, que não vacilam em desrespeitar a fé alheia, atirando-lhe calhaus de ironia, porque a Doutrina Espírita, longe de ser motivo para galhofa, é a Doutrina de Nosso Senhor Jesus Cristo, que esteve também, com a aprovação dos principais de seu tempo, entre perseguidores risonhos, nos braços frios da cruz.[23]

Eurípedes Barsanulfo

Reformador | Junho de 1959

[23] Segundo consta do original, a mensagem foi recebida psicofonicamente, em 01/04/1959, no Centro Espírita Casa do Cinza, em Uberaba, Minas Gerais.

1960

Chico Xavier nos anos 60.

PROMESSA

Coração no candente pelourinho,
Humilhado nos últimos tormentos,
Exposto à fúria de tufões violentos,
Agoniado, exânime, sozinho...

Agradece ao medonho torvelinho...
A tua voz, em trágicos lamentos,
Rompe esferas, estrelas, firmamentos,
– Prece brilhando em fúlgido caminho!

Luta, mas vence o cárcere das trevas,
Sublimando o martírio a que te elevas,
Embora a própria angústia em pranto brades.

Extinta a noite do suplício extremo,
Desferirás teu voo alto e supremo
Na eternidade das eternidades![1]

Cruz e Souza

Reformador | Abril de 1961

[1] Segundo consta do original, o soneto foi recebido em reunião da noite de 17/09/1959, sem referência de local.

COMENTÁRIOS

Seja onde for, não te esqueças:
Nos desacertos da Terra,
A bondade ganha sempre,
A prudência nunca erra.

Doutrina, aviso e conselho,
Dentro de casa ou no templo,
Só valem quando mantidos
No clima do bom exemplo.[2]

Trabalha, sofre, vigia...
Olha o mar do imenso mundo!
Quem não aprende a nadar
Acaba descendo ao fundo.

Ajudar é dom de todos
Que a tantos a vida consente,
Mas prosseguir ajudando
É obra de pouca gente.

---

[2] Estrofe também publicada no jornal *O cristão espírita*, órgão de divulgação doutrinário-evangélica da Casa de Recuperação Bezerra de Menezes, no Rio de Janeiro, capital, em sua edição de abril/maio de 1995 (p. 1), e atribuída ao espírito José Albano. Disponível em: <www.crbbm.org/_media/CE%20109%20-%20TEXTO.pdf>. Acesso em: 20 jun. 2017.

Muito luxo, muita festa,
Muito aplauso e muito vinho
São nevoeiros dourados
Para ensombrar o caminho.

Recorre, em tudo, à bondade
Que adore, ilumine e abrande.
Quando o cântaro é vazio,
O barulho é muito grande.

Garantindo a própria paz,
Levanta-te, serve e escuta.
A luta pede vitória,
A vitória pede luta.

Se aspiras a triunfar,
Maneja as armas do amor.
Jesus, cansado e vencido,
Foi o grande vencedor.[3]

Casimiro Cunha

Reformador | Junho de 1962

[3] Segundo consta do original, os versos foram recebidos em reunião pública da Comunhão Espírita Cristã, na noite de 10/02/1962, em Uberaba, Minas Gerais.

MEDIUNIDADE E DISCERNIMENTO

"Desenvolver a mediunidade" será conceito adequado para significar a expansão das faculdades psíquicas. Isso conquanto saibamos seja imprescindível o aprimoramento das qualidades individuais para que os dotes medianímicos não sejam malbaratados.[4]

Será possível, no entanto, desenvolver a mediunidade como quem desdobra uma peça de pano?

Não desconhecemos que todas as formações da vida se subordinam a leis de ritmo e crescimento. Por que o ovo seja levado à chocadeira isso não quer dizer que se deva elevar o ambiente térmico a cem graus na suposição de que, assim, a ave nascitura apareça formada de um dia para outro. Há que dosar o calor, porquanto a máquina coopera no serviço da galinha, mas não substitui a natureza.

---

[4] Trecho reproduzido no livro *Mediunidade na prática*, de João Pedro Sell (FEDERAÇÃO ESPÍRITA CATARINENSE - FEC, [*s.d.t.*]. Disponível em: <http://www.google.com.br/url?url=http://bvespirita.com/Mediunidade%2520na%2520Pratica%2520(Joao%2520Sergio%2520Sell).pdf&rct=j&q=&esrc=s&sa=U&ved=0ahUKEwic0tbQpPPUAhUClJAKHY7dDnUQFgg4MAY&usg=AFQjCNFeUvo5J22_58ANclBCumzG54QRmw>. Acesso em: 2 abr. 2017.

Ocorrem análogas circunstâncias nas realizações de ordem moral. Um rapaz terá pronunciada vocação para a engenharia, mas isso só por si não lhe confere autoridade para assumir a direção de uma empresa chamada a garantir o interesse público. É indispensável que ele se submeta às disciplinas do estudo até que senhoreie fielmente a aplicação dos princípios matemáticos e científicos à técnica das construções, a fim de que os recursos da engenharia se manifestem através dele.

Assim também na mediunidade. Amemo-la e cultivemo--la com entusiasmo, entesourando discernimento, sem a preocupação de frutos extemporâneos que apenas serviriam para lançar a árvore da boa intenção à estranheza ou à zombaria do próximo, quando o próximo não se mostre habilitado a compreender o intercâmbio espiritual, sempre grave e complexo.

Desenvolvamos a mediunidade, mas estudemos, e estudemos para honorificá-la nas boas obras.

Estimular poderes psíquicos sem educá-los, começando pela educação do instrumento que os expressa, seria o mesmo que espalhar milhões de letras do alfabeto no piso de uma casa, exigindo que elas se ajustem por si próprias, compondo avisos e ensinamentos no chão.[5]

Emmanuel

Reformador | Janeiro de 1965

[5] Segundo consta do original, a página foi recebida em reunião pública da Comunhão Espírita Cristã, na noite de 26/06/1964, em Uberaba, Minas Gerais.

SINAIS DO CAMINHO

Remédio contra a calúnia
Sempre fácil de tomar:
Persistir na obrigação,
Sem nunca desanimar.

❖

Homem que vive sem fé
Na travessia do mundo:
Cego vagando sem guia
À beira de poço fundo.

❖

Amizades surgem muitas,
Mas amigo de teu lado
Será sempre o companheiro
Que atende sem ser chamado.

Quem queira estudar as leis
Da ação bem-feita ou mal-feita
Olhe a semente plantada
Quanto rende na colheita.

❖

Duas causas para as provas
Onde a Terra viva em caos:
A vagareza dos bons
E a diligência dos maus.[6]

Arthur Teóphilo

Reformador | Agosto de 1965

[6] Segundo consta do original, as trovas foram recebidas em reunião pública da Comunhão Espírita Cristã, na noite de 08/03/1965, em Uberaba, Minas Gerais.

NOTAS DA ALMA

Onde ninguém pede aviso,
Nem teme nada perder,
Aparece de improviso
O que se deve temer.

❖

Felicidade na vida,
Que nunca floresce em vão,
É como fonte escondida
No fundo do coração.

❖

Ai de nós, se temos, nós,
Trinta vitórias por mês!
Deus ouve primeiro a voz
Daquele que não tem vez.

A vida traz dons supremos
Que largamos tais e quais,
E, às vezes, quando queremos,
A vida já não quer mais.

❖

Bendize a vida modesta
Que Deus te reserva à mão!
Há muita rosa na festa
Porque há roseiras no chão.[7]

Mário de Azevedo

Reformador | Dezembro de 1965

[7] Segundo consta do original, as trovas foram recebidas em reunião pública da Comunhão Espírita Cristã, na noite de 18/09/1965, em Uberaba, Minas Gerais.

PERANTE A OFENSA

A ofensa, pelas perturbações que provoca, merece estudo raciocinado de nossa parte, a fim de que lhe oponhamos um dique necessário à ação devastadora. Quase sempre ela resulta de um ato de violência, de um apontamento calunioso ou de um gesto infeliz, significando assalto moral à dignidade da pessoa ou do grupo.

Convém ponderar, no entanto, que o ofensor é, invariavelmente, alguém que já ultrapassou os limites do respeito que nos devemos uns aos outros e, por isso, precisa ser tratado por enfermo de espírito, que não recuperaremos se nos fizermos tão doentes quanto ele.

Diante da ofensa, recordemos que inexperiência, insanidade, obsessão ou moléstia podem estar em qualquer parte, concitando-nos a tarefas de auxílio.

Serenidade, bom senso, saúde, entendimento e madureza não são artigos de mercado. Não se encomenda compreensão ao lojista, como se compra roupa sob medida em mãos do alfaiate. E toda vez que falhamos ao próprio equilíbrio é possível nos convertamos igualmente em ofensores do próximo, ferindo até mesmo sem perceber.

Depois de semelhantes reflexões, examinemos a nossa conduta anterior à ofensa de que nos sintamos alvejados, e observemo-nos, sem qualquer piedade para nós mesmos, verificando se não teremos motivado no espírito de quem nos golpeia a atitude que lamentamos. Se a consciência nos acusa, procuremos ouvi-la com humildade e retifiquemos os erros que arrojamos de nós, empregando serviço e tempo, a fim de que os nossos propósitos de automelhoria se façam visíveis, reconquistando a simpatia e a confiança daqueles a quem desajustamos com a nossa leviandade.

Fora disso, se a ofensa nos alcança o caminho, façamos silêncio e oremos, como nos ensina Jesus, por todos aqueles que nos perseguem e caluniam, porquanto a injúria só nos causa mal quando lhe abrimos a porta às cargas envenenadas passando recibo.[8]

Emmanuel

Reformador | Dezembro de 1965

[8] Segundo consta do original, a página foi recebida em reunião pública da Comunhão Espírita Cristã, na noite de 03/05/1965, em Uberaba, Minas Gerais.

AMPARO

O espírita de casca, Bino Zeca,
Brigou no Centro e, então, falando grosso,
Batia a mão na frente do pescoço
E mostrava o tutano da munheca.

Aqui e ali corria de forreca...
Na sessão de domingo, antes do almoço,
Ia bater na cara de João Moço,
Passista do Sítio da Peteca.

Quinta-feira, nas preces de irmã Nice,
Pediu amparo ao guia e o guia disse:
– "Você será tratado com respeito".

Mas no dia da grande trapalhada
Bino acordou de perna toda inchada
E ardeu com febre até mudar de jeito.[9]

Cornélio Pires

Reformador | Julho de 1966

[9] Segundo consta do original, o soneto foi recebido em reunião da noite de 19/02/1966. Não há referência de local.

MAIS ESPIRITISMO

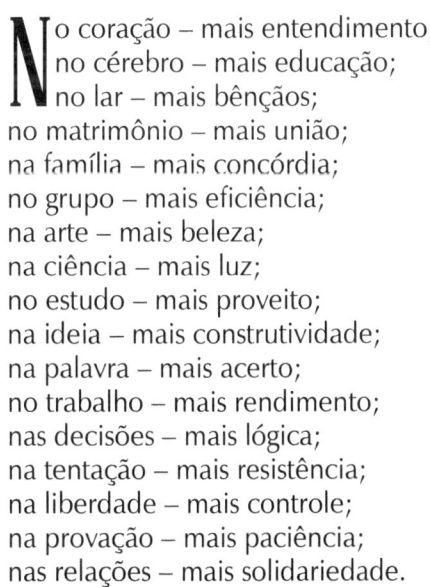

No coração – mais entendimento;
no cérebro – mais educação;
no lar – mais bênçãos;
no matrimônio – mais união;
na família – mais concórdia;
no grupo – mais eficiência;
na arte – mais beleza;
na ciência – mais luz;
no estudo – mais proveito;
na ideia – mais construtividade;
na palavra – mais acerto;
no trabalho – mais rendimento;
nas decisões – mais lógica;
na tentação – mais resistência;
na liberdade – mais controle;
na provação – mais paciência;
nas relações – mais solidariedade.

Mais Espiritismo na vida, em suma, é mais progresso e mais felicidade, porque a Doutrina Espírita é o ensinamento de Jesus posto ao alcance de todas as inteligências do mundo, e o ensinamento é a religião do amor e da sabedoria – tanto para a Terra quanto para as outras "Terras" dos Céus.[10]

Albino Teixeira

Reformador | Outubro de 1966

[10] Segundo consta do original, a página foi recebida em reunião da noite de 22/06/1966, em Elon College, North Carolina, EUA.

SONETO

Ah, Quintão, tu me destes, comovido,
O necrológio terno da amizade!
Eu te envio, daqui, da eternidade,
Meu pobre pensamento agradecido!

Eis-me, de novo, ante o desconhecido.
A impressão da fraqueza inda me invade,
Guardando o doce-amargo da saudade
No pensamento fraco e dolorido.

Mas desde a dor do leito da agonia
Sinto as bênçãos suaves de Maria,
Multiplicadas no meu coração!

O Evangelho divino de Jesus
É a minha fortaleza e a minha luz
– Eterna fonte de consolação.

José Petitinga

Reformador | Dezembro de 1966

GULA E AVAREZA

Obsidiado em casa, Nhô Cordeiro
Comia angu e sopa de gamela,
Mas levado à sessão em Vila Bela
Melhorava, rezando o dia inteiro.

Já quase são ouviu da irmã Biela:
– "Se quer ter mais saúde, companheiro,
Ajude alguém!... Reparta algum dinheiro,
Dê de seu prato aos órfãos da favela!..."

Ouvindo esse conselho, o velho, aflito,
Começou a berrar que nem cabrito.
E gritou: – "Ninguém topa a minha renda!"

E preferiu morrer, largado e louco,
Mastigando farelo, barro e coco,
Debruçado num cocho da fazenda.[11]

Cornélio Pires

Reformador | Julho de 1967

[11] Segundo consta do original, o soneto foi recebido em reunião pública da Comunhão Espírita Cristã, na noite de 22/04/1967, em Uberaba, Minas Gerais.

PERGUNTA ESPÍRITA

Irmãos, se todas as criaturas da Terra já tivessem:

residência confortável;
garantias de saúde perfeita;
serviço integral de higiene;
mesa farta;
instrução acadêmica;
acesso indiscriminado aos torneios da inteligência;
trabalho e profissão;
segurança social irrepreensível;
cobertura econômica;
condução rápida;
controle total da natureza física;
e comunicação com os outros planetas...

isso resolveria, só por si, o problema da paz e da felicidade sobre a Terra, se o coração humano não estivesse mudado para sentir e viver segundo os princípios do amor que o Cristo nos ensinou?[12]

Albino Teixeira

Reformador | Julho de 1967

[12] Segundo consta do original, a página foi recebida em reunião pública da Comunhão Espírita Cristã, na noite de 26/04/1967, em Uberaba, Minas Gerais.

REENCONTRO

Ouço o choro do lar, no adeus, enquanto fito
O jasmineiro em flor que me acena à janela...
E além, no mais além, a noite clara e bela
Recamando de prata os orbes do Infinito...

Pressinto a morte, o fim... Mas, debalde, me excito.
O corpo desatende e, aos poucos, se enregela;
Sofro, no extremo instante, a indômita procela
De anseio, sombra e dor no peito inerme e aflito.

Ergo-me. Torno à luz. E encontro, às despedidas,
Antigas afeições que supunha esquecidas...
E pensava, por fim, nem de leve entrevê-las!...

O amor transpõe o abismo, a vida se renova.
E parto jubiloso, ao término da prova,
Em busca de outro lar na floresta de estrelas.[13]

A. Amaral

Reformador | Janeiro de 1968

[13] Segundo consta do original, o soneto foi recebido em reunião pública da Comunhão Espírita Cristã, na noite de 12/08/1967, em Uberaba, Minas Gerais.

NOTA ESPÍRITA

Estudar para aprender.
Aprender para discernir.
Discernir para entender.
Entender para acertar.
Acertar para edificar.
Edificar para servir.
Servir para renovar.
Renovar para melhorar.
Melhorar para educar-se.

Educando-se cada um de nós ser-nos-á lícito atingir a libertação do mal, de modo a integrar-nos no Reino do Bem Eterno.

❖

Disse-nos Jesus: "Conhecereis a verdade e a verdade vos fará livres". Com toda a veneração à personalidade sublime do divino Mestre, permitimo-nos observar que ele, o Senhor, sintetizou a longa trajetória de nossa evolução na Vida Infinita em três estágios distintos: conhecimento, verdade e libertação. Assim, pois, como é fácil de ver, o primeiro passo no serviço de elevação, seja onde for, será sempre estudar.[14]

Albino Teixeira

Reformador | Abril de 1968

[14] Segundo consta do original, a mensagem foi recebida em reunião pública do Centro Espírita Nosso Lar, na tarde de 31/12/1967, em Londrina, Paraná.

RAZÃO PARA TOLERAR SEMPRE

"Bem-aventurados os misericordiosos,
porque alcançarão misericórdia."
– Jesus (Mateus, 5: 7)

Certamente não te educarás e nem progredirás sem base nas ideias próprias, mas tão-somente a título de garantir as tuas opiniões nada lucrarás fazendo um inimigo.

Estimas a liberdade de cunhar em palavras os teus pensamentos originais. Não será justo que os outros usufruam direito idêntico?

Por muito estranhas ou intempestivas se façam as manifestações alheias, é impossível não encontres, através delas, um caminho para compreender e auxiliar.

Aqueles de quem hoje toleras, com paciência, insultos e irreflexões serão, provavelmente, amanhã os teus melhores amigos – os amigos a quem cativastes com os teus bons exemplos.

Se te decides efetivamente a cumprir tarefas de amor ao pé dos semelhantes, não angariarás os recursos de que necessitas para a tua própria sustentação, sem que aprendas a suportar.

Sabes que o ofensor geralmente não conhece toda a extensão do mal de que é vítima. Por que haverias de adquirir-lhe a perturbação, entrando, voluntariamente, na faixa de desequilíbrio da qual se faz ele mostra lamentável? Não ignoramos que a dor da pedrada recebida não se cura lançando outra pedra.

Observa o arrependimento em que te martirizas depois de uma discussão no clima do azedume e encontrarás suficientes motivos para não te agastares, seja pelo que for, a benefício da saúde própria.

A pretexto de não cultivares intolerância, não digas que é preciso defender os teus brios, quando podes, perfeitamente, fazer isso com paciência e serenidade. Recorda que a recomendação de se oferecer a face direita a quem nos ofenda a face esquerda veio diretamente de Jesus e ao que sabemos até hoje ninguém surgiu na Terra com a grandeza e a dignidade do Cristo de Deus.

Emmanuel

Reformador | Maio de 1968

DESOBSESSÃO

Desobsessão, na certa,
Vem do estudo – abrindo a porta
À pessoa que se entorta
Na prisão que a desconcerta.

Essa luz ampara e exorta
A gritos altos de alerta.
Depois traz a descoberta
Da paz a que se reporta.

Por mais, no entanto, advirta,
Se a pessoa fica hirta,
Já que ao trabalho se furta,

Mesmo que a luz seja farta
Da cadeia não se aparta
E morre de vista curta.[15]

Alfredo Nora

Reformador | Novembro de 1968

[15] Segundo consta do original, o soneto foi recebido em reunião pública da Comunhão Espírita Cristã, na noite de 08/05/1968, em Uberaba, Minas Gerais. Embora homônima e do mesmo autor espiritual, a mensagem contida em *Antologia dos imortais* (FEB, 1963) é totalmente diferente da mensagem aqui reproduzida.

LIVRO ESPÍRITA

Livro espírita – alegria
Da verdade clara e boa,
Escola que aperfeiçoa,
Instrui, consola, auxilia...

Socorro – beneficia,
Refúgio – guarda e abençoa,
Ampara toda pessoa
Que à luz dele se confia.

Livro espírita – colmeia
De apelos à nova ideia,
Templo, lâmpada, charrua...

Onde serve de atalaia
A morte recebe vaia
E a vida se perpetua.[16]

Alfredo Nora

Reformador | Abril de 1969

[16] Segundo consta do original, o soneto foi recebido em reunião pública da Comunhão Espírita Cristã, na noite de 26/02/1969, em Uberaba, Minas Gerais.

PETRÓPOLIS

Petrópolis! Consolo, amparo e ninho,
Deus te abençoe, refúgio da esperança,
Templo de paz e amor em que adivinho
A doce luz da bem-aventurança!

Deus recompense as messes de carinho
Do teu povo que trago na lembrança...
Apoio e lar – oásis do caminho –
Onde meu sonho, em júbilos, descansa.

Petrópolis! Ternura, graça e vida,
Guardas para minh'alma enternecida
Tudo de belo e bom que o mundo encerra!

Deus fez de ti, com galardões da altura,
A estrela do progresso e da cultura
Esmaltada de flores sobre a Terra![17]

Pedro D'Alcântara

Reformador | Novembro de 1969

[17] Segundo consta do original, o soneto foi recebido em reunião pública do Centro Espírita João Batista, na noite de 15/01/1969, em Petrópolis, Estado do Rio.

TROVA

Uma trova de saudade
À minha Olívia querida.
Estás em meu coração,
Estrela de minha vida.[18]

Lasneau

Reformador | Novembro de 1969

[18] Segundo consta do original, a trova de Sebastião Lasneau foi recebida, junto de outras oito, em reunião pública da Comunhão Espírita Cristã, na noite de 31/05/1969, em Uberaba, Minas Gerais. As oito trovas referenciadas constam do capítulo 32 do livro *Trovas do Mais Além*, por espíritos diversos, editado pela CEC, em 1971.

Chico Xavier na Comunhão Espírita Cristã de Uberaba, Minas Gerais.

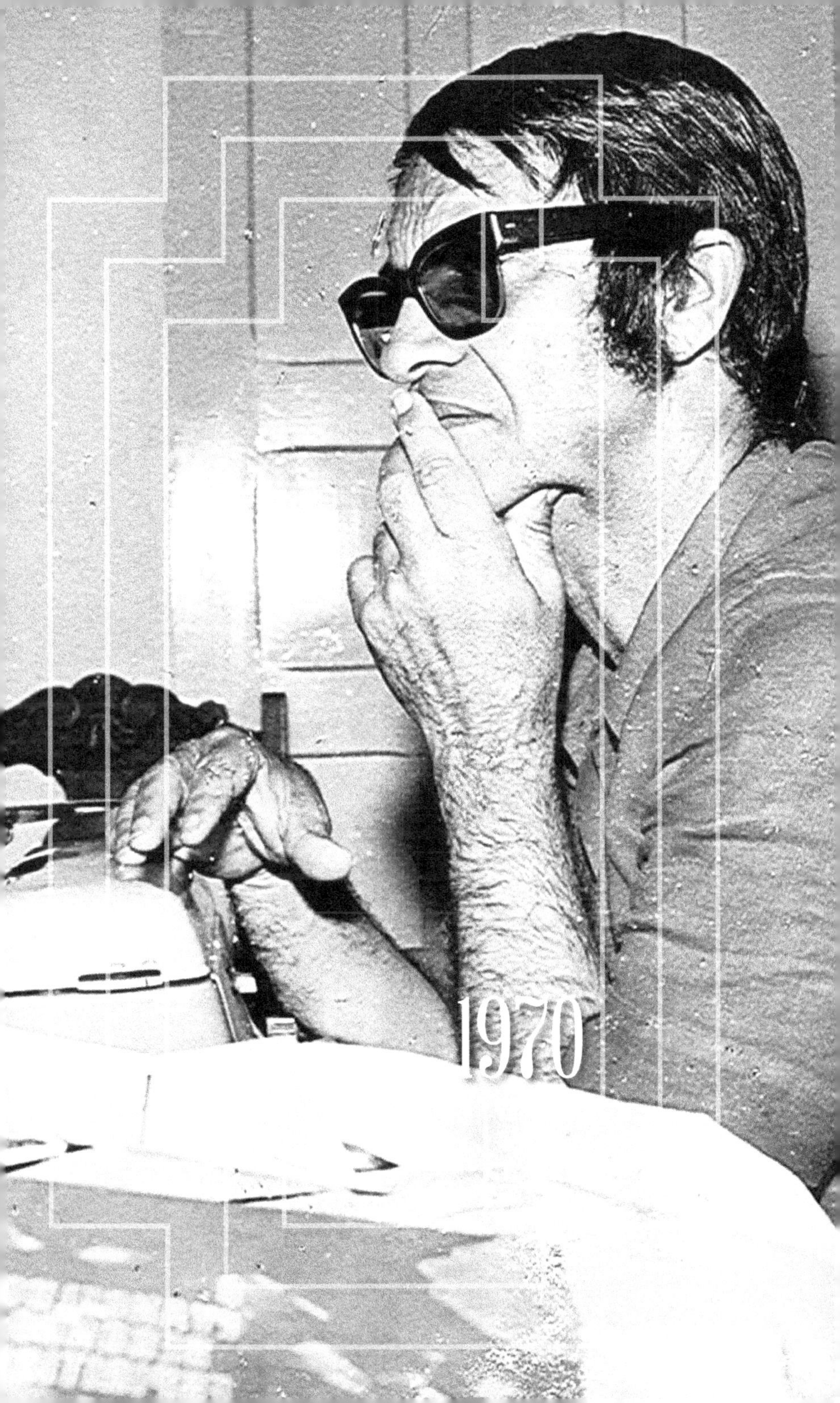
1970

SAUDADE E ESPERANÇA

Versos à companheira querida que deixei no mundo.

Lembrança e entardecer ao sol de fogo e opala...
Vejo-te e não me vês... Enlaço-te, querida!
Procuras-me na lousa, ante a forma sem vida...
Indagas recordando e soluças sem fala...

Entre nós o silêncio... Anseio confortá-la!
Sufoca-me a saudade estranha, indefinida...
Partes... Parto igualmente... É nova despedida...
Clamo à frente da noite e o túmulo se cala.

Venho agora, porém, da morte que transponho,
Rogar-te ao coração, estrela do meu sonho:
Não me procures mais na terra seca e fria!

Asserena-te e aguarda! Um dia, finda a prova,
Surpreenderás contigo a luz da vida nova
E na glória do amor hei de esperar-te um dia![1]

Figueiredo Silva

Reformador | Fevereiro de 1971

[1] Segundo consta do original, o soneto foi recebido em reunião pública da Comunhão Espírita Cristã, na noite de 22/08/1970, em Uberaba, Minas Gerais.

ANOTAÇÃO SIMPLES

Você, meu amigo, se declara desalentado e assevera em desconsolo: "Estou positivamente vencido, sem estímulo para trabalhar. Sonhei a realização de tarefas sublimes e vejo tudo acabando em frustração. Depositei confiança e carinho em companheiros que me abandonaram, amigos outros me iludiram, largando-me em penosas experiências. Vivo sitiado pela incompreensão, batido no pó da dificuldade... Que fazer para revigorar-me, sobreviver?"

Não dispomos, caro irmão, de específico mais adequado para a cura do esmorecimento que a aplicação do Evangelho de Jesus, pois não foi ele mesmo, o divino Mestre, que nos advertiu: "Tende bom ânimo! Eu venci o mundo."?

Ainda assim, para a nossa reflexão, recordaremos uma fábula antiga que já ouvi de fontes diversas e que se nos adapta, proveitosamente, ao assunto.

Conta-se que o Espírito das Trevas, certa feita, deliberou efetuar uma liquidação na loja de sua propriedade, colocando à venda as ferramentas de sua atividade usual.

No balcão, desse modo, jaziam expostas muitas delas com os rótulos que as definiam: "Ódio", "Maledicência", "Desespero", "Inveja", "Crime"... Em meio de todas, uma, porém, se sobressaía, em dourado, na forma de cunha, com o nome "Desânimo". Semelhante utensílio mostrava enorme desgaste, entretanto era marcado como sendo o mais caro de todos. E quando alguém indagou quanto ao motivo de preço tão alto o Espírito da Sombra respondeu, simplesmente: "Esta ferramenta é a que uso com mais facilidade e a que me serve muito mais que as outras, porque pouca gente sabe que ela me pertence. É por isso que abro com ela milhares de corações que não consigo descerrar com as outras. E uma vez que me vejo no íntimo dessa ou daquela pessoa posso manejar todas as demais, à vontade, conseguindo alcançar a realização de todos os meus intentos".

Como vê, meu caro, estudemos essa fábula simples e procuremos pensar.[2]

Irmão X

Reformador | Fevereiro de 1971

[2] Também publicada no *Brasil Espírita*, informativo de divulgação das atividades do Conselho Federativo Nacional da FEB, de fevereiro de 1971, como suplemento da respectiva edição de de *Reformador*.

ROGATIVA DE PAZ

Senhor!...
Esteja onde estiver, e seja com quem for,
Ensina-me a tratar, dia a dia,
Quem me aborde a presença
Em tua luz de amor e de alegria.

Não me deixes falar,
Sobre qualquer assunto em que me pronuncie,
Algo que não se ajuste à lei do bem
E nunca me permitas colocar
A pedra da tristeza ante o passo de alguém.

Se não posso atender,
Como anseio e preciso,
À petição que se me lança,
Que me empenhe a servir, segundo o meu dever,
Sem furtar de ninguém a bênção da esperança.

Onde a injúria reponte,
Destruindo e atacando,
A gritos de revolta e a sarcasmos da ira,
Ajuda-me a guardar a atitude da fonte
Que dissipa em brandura o fel que se lhe atira.

Inda que eu veja o mal, se o mal me ensombra e ilude,
Fazendo-me anotar a falta alheia,
Conserva-me em silêncio, mesmo assim,
Porque a prova dos outros – a mais rude –
Pode amanhã talvez estar em mim.

No esforço de educar-me em que prossigo,
Em qualquer circunstância,
No repouso ou na ação, na alegria ou na dor,
Ajuda-me, Senhor, a ser contigo
Uma nota de paz e uma bênção de amor.[3]

Maria Dolores

Reformador | Janeiro de 1972

[3] Segundo consta do original, os versos foram recebidos em reunião pública da Comunhão Espírita Cristã, na noite de 09/10/1971, em Uberaba, Minas Gerais.

LUZ ETERNA

"Vós sois a luz do mundo."
– Jesus (Mateus, 5: 14)

Toda criatura traz consigo a riqueza do amor por luz eterna – divina herança do Criador – e quanto mais se aperfeiçoa tanto mais a irradia.

❖

Se não podes ser um luzeiro para milhões de pessoas, guiando-lhes o rumo à maneira de sol brilhando sobre a montanha para clarear a extensão do vale, sê o farol que, embora, muitas vezes, em plena solidão, é capaz de descortinar a estrada certa a milhares de viajores, que talvez arrostassem deploráveis calamidades sem ele.

No entanto, se não consegues ser o farol que varre a sombra dos caminhos, sê o foco que abrilhanta a praça pública, orientando o passo daqueles que transitam em tuas áreas de ação, de modo a que não se perturbem ante a névoa noturna.

Mas se não dispões de meios para ser uma luz qual essa, imita a lâmpada acesa em casa, iluminando e aquecendo em silêncio quantos te compartilham a existência e a moradia.

Entretanto, se não puderes ser isso, desempenha a função da candeia singela que sustenta a chama de emergência, favorecendo, à noite, o trabalho ou o estudo para determinados agrupamentos de criaturas.

Ainda assim, se não consegues ser a candeia, sê a vela humilde, iluminando unicamente uma pessoa, a sós, no lar ou na estrada, seja numa viagem de poucos passos ou numa simples meditação, porquanto esse alguém a quem hoje prestes serviço será, talvez, amanhã a pessoa que se fará sol para muita gente.

Emmanuel

Reformador | Abril de 1972

- FIM DO SÉCULO - DIANTE DO CRISTO E DO FUTURO NO LAR TERRESTRE

Século XX... A Terra é nau sob tormenta.
Toda a estrutura estala ao mar que se encapela.
A sombra espessa agrava o rigor da procela,
Salta o vento a rugir na fúria que o sustenta.

Templos, legendas, leis da equipagem atenta
Tremem, conquanto à luz de lâmpada singela
O equilíbrio persiste, apoio e sentinela,
Contra o caos que domina em cólera violenta.

Gritos, altercações, sofrimento, cansaço,
Relâmpagos varando a imensidão do espaço
São súplicas da fé na voragem sombria.

Mas no bojo do abismo um clarão resplendora,
Destacam-se, da noite, os acenos da aurora:
É o Cristo, em sol de amor que acende o novo dia!

Amaral Ornellas

Reformador | Outubro de 1972

SENHOR JESUS

Senhor Jesus,

Reunidos na Casa de Ismael rogamos para que nos abençoes os propósitos de servir ante os problemas da atualidade terrestre.

Deixa-nos saber que estamos todos interligados em teu coração compassivo e sábio para que não venhamos a desertar da fraternidade que nos reúne!

Orienta-nos o raciocínio de modo a verificarmos que as nossas necessidades e aspirações se irmanam no mesmo campo de experiência, a fim de que o respeito recíproco nos presida atividades e relações.

Faze-nos observar, por misericórdia, que Deus não nos cria pelo sistema de produção em massa e que, por isso mesmo, cada qual enxerga a vida e os processos da evolução de maneira diferente. Ainda assim, induze-nos a registrar que, embora as nossas disparidades de interpretação diante dos fenômenos que nos cercam, todos podemos e devemos ser cada vez mais irmãos uns dos outros nas áreas de vivência e solidariedade, ação e tolerância.

Ajuda-nos a entender que a ciência pode governar a matéria no plano físico e eliminar as distâncias no espaço cósmico, entretanto faze-nos reconhecer que nós outros, os obreiros da fé viva, fomos chamados para reacender a luz de teus ensinamentos nos corações, objetivando a edificação espiritual do futuro, a começar de nós mesmos. Para isso, Senhor, para que o título de servidores nos honorifique as tarefas, ampara-nos o desejo de trabalhar aprendendo e de servir elevando sempre! E auxiliando-nos a desterrar qualquer fórmula de violência de nossas resoluções e atitudes, ensina-nos que somente o amor, em nossas realizações de cultura e de inteligência, pode construir em nós e por nós o teu reino de sabedoria e felicidade, no qual estaremos incessantemente contigo, tanto quanto já estás conosco, hoje e para sempre.[4]

Emmanuel

Reformador | Fevereiro de 1973

[4] Embora homônima e do mesmo autor espiritual, a mensagem contida no livro *Diálogo dos vivos*, por espíritos diversos (GRUPO ESPÍRITA EMMANUEL - GEEM, 1974) é totalmente diferente da mensagem reproduzida aqui.

PERDÃO SEMPRE

Nunca digas
A palavra que espanca ou amaldiçoa...
Ainda quando estejas
Sob a pressão de pedras inimigas
Inspira-te nas forças benfazejas
E conserva o silêncio que abençoa!...

Se algo deves dizer, fala daquilo
Que te mantenha na impressão
De haver iluminado o coração
Para torná-lo mais tranquilo.

Não firas nem censures a ninguém,
Nem sequer a pessoa
Que te persegue ou te condena,
De vez que reprovar não vale a pena,
Seja qual for a trama
Que nos envolve e nos enleia.

Hoje, talvez, não haja treva nem lama
Na estrada que te leva à estrada alheia,
Mas quem sabe amanhã? Em plena luta humana,
Quem poderá dizer que não se engana?

Quem se declarará sem brecha ou sem fraqueza
Perante as tentações que surgem de surpresa?
Quem de nós, os espíritos da Terra,
Afirmará, com foros de verdade,
Que não cai, que não foge ou que não erra
Nas horas tristes da necessidade?

Se o mal te experimenta, em dado instante,
Escora-te no bem que nos garante
A plantação da paz que nos renova
E usa o verbo que ampare e que levante
Por transportar, no fundo,
A força que socorre os vencidos do mundo
Nas agruras da prova.

E se alguém te injuria
Por que ames, suportes e abençoes,
Cala, tolera e serve, dia a dia.

Todo perdão de agora é alegria de depois,
Porquanto, em qualquer tempo, é lei clara e sabida,
Onde a justiça reina e a razão rege a vida,
Seja aqui ou acolá,
Se te apóias no bem, na senda em que transites,
Pelos canais da luz e do amor sem limites,
Deus te sustentará.[5]

Maria Dolores

Reformador | Fevereiro de 1974

[5] Segundo consta do original, o poema foi recebido em reunião pública da Comunhão Espírita Cristã, na noite de 20/01/1973, em Uberaba, Minas Gerais.

ROGATIVA DO VIAJOR

Senhor,

Dá-me força para seguir adiante, apesar de mim mesmo.

Guia-me para a aceitação de meus problemas e dificuldades para que a névoa da ignorância não me deforme a visão.

Conserva-me o espírito de surpresa ante o esplendor do sol de cada dia.

Não me permitas recear a aspereza e a agressividade dos espinheiros que me oferecem discernimento e auxilia-me a agradecer a beleza e o perfume das flores, sem deixar que me escravizem.

Livra-me de olhar para trás, seja para lamentar as pedras que me feriram ou medir os obstáculos transpostos.

Não me consintas escutar o louvor daqueles que não te viram em mim, sem saberem quanto peso em teu amor com as minhas imperfeições, nem me conceda ocasião para registrar a censura dos que te esquecem a misericórdia para comigo, desconhecendo a extensão de minhas necessidades.

Envia-me, por acréscimo de bondade, companheiros que me tolerem as deficiências e me estimulem os passos para a frente.

Faze-me respeitar os amigos que desanimaram, fixando-se em pontos de observação e refazimento, mas não admitas que me deixe influenciar pelo derrotismo a que, porventura, se afeiçoem.

Não me largues a mente ou as mãos desocupadas de trabalho e nem me deixes o coração vazio de esperança e de amor. E quando a noite venha sobre a estrada, não permitas que me conturbe à frente das sombras, impelindo-me a reconhecer que o ponto final das trevas será sempre o recomeço de nova luz.[6]

André Luiz

Reformador | Fevereiro de 1974

[6] Segundo consta do original, a página foi recebida em reunião pública da Comunhão Espírita Cristã, na noite de 03/10/1973, em Uberaba, Minas Gerais.

NOSSOS IRMÃOS MATERIALISTAS

Eles, os nossos irmãos materialistas, sentem-se temporariamente desligados da fé. Não por que o desejem. Quase sempre observam-se empurrados para o frio da negação por acontecimentos aflitivos para cuja travessia não se prepararam devidamente. Foram condicionados, desde a juventude, por equívocos referentes à ilusória superioridade pessoal e enquanto se lhes garante o ápice das energias físicas não toleram as realidades do espírito.

Acham-se desafiados por enigmas da inteligência que aguardam a maturidade espiritual do mundo a fim de serem resolvidos sem os perigos da hegemonia e da guerra, e por não conseguirem soluções prematuras se fazem pessoas ressentidas contra os poderes da Criação, que devem prevalecer sobre os nossos desejos.

Asseveravam-se crentes na Sabedoria Divina, mas pretendiam comandar os desígnios da vida, caindo em ateísmo ao se reconhecerem desatendidos nas petições inadequadas que endereçavam ao Céu, nos momentos de crise, recusando o sofrimento e ignorando-lhe a função de bênção das leis do Universo, funcionando neles mesmos.

Atenderam às sugestões inferiores inerentes à nossa própria natureza e depois de se acomodarem com situações indébitas que lhes impuseram desconforto à consciência declaram-se afastados da Paternidade Divina e afirmam que Deus não existe, já que não os preservou contra os amargosos resultados da culpa que deveriam ter evitado por si próprios.

Confessavam-se criaturas de fé, no entanto admitiam a transferência das responsabilidades que lhes dizem respeito para os orientadores humanos a que se afeiçoavam, qual se pudéssemos responder uns pelos outros diante dos princípios que nos regem a existência, e porque os orientadores humanos padecem as limitações características de nós todos – os espíritos em evolução no planeta –, resvalaram no vazio deles próprios, quando esses mesmos instrutores lhes faltaram à vida.

São almas sensíveis e afetuosas que as aflições pela perda dos entes queridos, seja na desencarnação ou em graves provas do estágio terrestre, fizeram desvairar através de indefiníveis angústias, marginalizando-se, transitoriamente, em rebeldia e sofrimento.

❖

Nossos irmãos materialistas...

Não os censures, nem lastimes, quando os encontres nos espinheiros da negação. A descrença em Deus é desajuste da alma tanto quanto a moléstia é desequilíbrio do corpo. E não te lembrarias de acusar um doente porque seja portador de enfermidade. Ao invés disso, obedecerias ao impositivo da solidariedade, oferecendo-lhe compreensão e socorro. Assim também nós, quando estamos nas trevas, não esperamos que se nos dirija essa ou aquela frase condenatória. Suplicamos, simplesmente, para que algum braço amigo nos acenda uma luz.[7]

Emmanuel

Reformador | Março de 1974

[7] Segundo consta do original, a página foi recebida em reunião pública da Comunhão Espírita Cristã, na noite de 05/10/1973, em Uberaba, Minas Gerais.

MEDIUNIDADE E SERVIÇO

Evidentemente, é justo aguardar, no grande futuro, que a ciência humana consiga estabelecer as relações entre os espíritos encarnados e desencarnados através de observações matemáticas, qual ocorre na atualidade do planeta nas comunicações de continente a continente, com bases na eletrônica. Progridamos moralmente, nos dois lados da vida, a fim de obtermos semelhante concessão, e a conquista a que nos reportamos não se fará esperar.

❖

Entretanto, até que venhamos a atingir essa realização, mediunidade e médiuns são e serão os agentes de contato entre o plano físico e o plano extrafísico, não obstante as deficiências que possam apresentar.

À face disso, quantos se disponham à tarefa de medianeiros no intercâmbio dos vivos da Terra com os vivos do Mais Além, são naturalmente induzidos ao dever e ao prazer de servir que se lhes erigem na experiência comum à maneira de imperativos fundamentais para o êxito nos deveres que abraçam.

❖

Para entendermos isso claramente, bastará recorrermos a imagens simples do mundo.

Um automóvel será um primor da engrenagem e técnica, patenteando segurança e proteção no conjunto, mas se não pode sair da garagem para o desconforto da estrada será mecanicamente substituído por um veículo qualquer, de constituição inferior, pelos que necessitem de condução.

Uma caneta surgirá estruturada em ouro e brilhantes, valendo milhões, no entanto, se não traz consigo o singelo ingrediente da tinta pronta a gravar os pensamentos de quem lhe recorre aos préstimos, será trocada instintivamente por um lápis de qualquer tipo, capaz de atender aos que precisem de comunicação em regime de urgência, com apoio na escrita.

❖

Bons médiuns temo-los muitos, do plano terrestre para o plano espiritual e vice-versa: cultos e menos cultos, experientes e inexperientes, veteranos e novos, conscientes da imortalidade da alma ou ainda ignorantes dos seus próprios destinos – todos eles respeitáveis pelas esperanças e possibilidades que encerram.

No entanto, médiuns bons, ou melhor, medianeiros em ação, aptos a colaborarem com os obreiros do bem na seara do Bem Eterno, são sempre aqueles que procuram o olvido de si próprios, no melhoramento gradativo de si mesmos, e que, acima de tudo, se empenham a aprender e suportar, trabalhar e servir.[8]

Emmanuel

Reformador | Abril de 1974

[8] Segundo consta do original, a página foi recebida em reunião pública da Comunhão Espírita Cristã, na noite de 18/06/1971, em Uberaba, Minas Gerais.

NA SENDA DE LUZ

Ao companheiro A. Wantuil de Freitas.

Alça nas mãos o facho resplendente
Da lição de Jesus pura e sublime,
E sustentando a luta que te oprime
Vara o trilho escabroso para a frente.

Não te fira a pedrada contundente.
Agradece a aflição que te redime
E na sela de sombra, angústia e crime
Estende a luz, servindo alegremente.

Abraça, sem revolta, as próprias dores,
Transformando-as em bênçãos onde fores
No santo regozijo de vencê-las!

Faze brilhar teu sonho além das trevas
E ascenderás da cruz em que te elevas
Ao reino luminoso das estrelas.[9]

Cruz e Souza

Reformador | Abril de 1974

[9] Segundo consta do original, há a seguinte nota de Zêus Wantuil: *"Recebido espontaneamente, na presença do presidente da Federação Espírita Brasileira, que fora a Minas para participar das solenidades de inauguração da nova sede da União Espírita Mineira, em Belo Horizonte"*.

PROGRESSO E ELEVAÇÃO

Enquanto se expõem na Terra os planos endereçados ao levantamento do mundo melhor, engajemo-nos na execução das obras que se lhe reportam à construção.

❖

Os estabelecimentos de ensino superior entre os homens formarão os especialistas dos tempos novos.

Se te dispões, no entanto, a contribuir nas tarefas do bem comum, sem as quais toda civilização se reduziria a maravilha arquitetônica sem alma, podes, de imediato, encontrar o teu lugar de ação.

Empenham-se os físicos a desintegrarem a matéria nas mais íntimas estruturas.

Se te consagras à fraternidade, saberás liquidar as cristalizações das trevas que se expressam em forma de ignorância e desequilíbrio.

Químicos, sempre com mais profundidade, analisam as propriedades das substâncias e as leis que lhes presidem as transformações.

Efetivamente, se o desejas, consegues colaborar na educação e burilamento das emoções e das ideias em derredor de ti, transubstanciando conflitos e paixões em agentes de compreensão e harmonia.

Engenheiros aplicam os princípios da matemática nas construções.

Se permaneces de espírito acordado para a importância da solidariedade, empregarás os conhecimentos nobres que já entesouraste na edificação da segurança junto à experiência comunitária.

Imunólogos, com entranhada competência, surpreenderão novos processos de conjurar as doenças.

Se te devotas ao benefício dos teus próprios irmãos, saberás usar a tolerância, impedindo as explosões do ódio que geram violência e criminalidade.

Astronautas fixam novos roteiros, além da Terra, enaltecendo concepções e perspectivas da humanidade.

Se te dedicas, realmente, ao trabalho da concórdia, edificarás estradas de entendimento entre os corações que te cercam, pavimentando de bênçãos o intercâmbio das criaturas, em direção do Grande Porvir.

Sabes que o mundo se vê agora à frente da era tecnológica, em que o raciocínio consegue planar em mais altos níveis de realização, mas não ignoramos que nos achamos, todos, diante da era do espírito, na qual todos os valores da alma se reconhecem chamados à elevação do sentimento.

Há trabalho na cúpula da evolução e há trabalho nos alicerces do bem. Isso ocorre porque a ciência será sempre o cérebro da cultura, gerando o progresso, mas o amor será sempre o coração da vida, criando a paz. E urge reconhecer que sem a ciência tombaríamos, irremediavelmente, nos despenhadeiros da ignorância, no entanto sem amor a felicidade se fará claramente impossível.[10]

Emmanuel

Reformador | Junho de 1974

[10] Segundo consta do original, a página foi recebida em reunião pública da Comunhão Espírita Cristã, na noite de 10/08/1973, em Uberaba, Minas Gerais.

BUSCANDO MAIS LUZ

Ergue-se o caminho da fé por subida incessante. Jornada de quem demanda os cimos, buscando mais luz e ampliando os horizontes da própria visão.

Qual ocorre em qualquer viagem para o alto, dificuldades e riscos surgem à mostra. Em semelhante escalada, a queda é conhecida por desilusão, a tempestade é o tempo de angústia, o frio se expressa como sendo negação ambiente e o cansaço traz, frequentemente, a chancela de tristeza ou monotonia.

Os degraus da fé, porém, são nomeados por perseverança e serviço. Perseverança no trabalho e serviço aos semelhantes. Apoia-te ao corrimão da esperança e eleva-te constantemente, auxiliando e construindo, compreendendo e amando sempre.

De furnas distantes chegarão as vozes daqueles que pararam no início ou a meio do caminho, incitando-te a descanso indébito por se referirem à crueldade e abandono, discórdia e incompreensão. Não te detenhas. Todos os que se interromperam na estrada tornarão à marcha. Com a fé, procura a luz da verdade e todos se voltarão para a luz da verdade, agora, hoje, amanhã ou no grande futuro.

Se ocorrências amargas te constituem a cruz da provação nos ombros frágeis, prossegue mesmo assim.

Se tropeças e cais, não desesperes. Levanta-te e continua.

Triunfar não quer dizer avançar sem erros ou falhas, mas sim reconhecer que, apesar de nossas falhas e erros, é preciso seguir adiante, de coração inflamado na confiança, com a certeza de que a Divina Justiça a todos nos observa e nos retribuirá, a cada um, segundo as nossas próprias obras.

Sejam quais sejam os obstáculos, prossegue à frente, estendendo o bem.

Na essência, a coragem da fé significa chama viva no próprio coração, clareando o caminho. E quem jornadeia com a bênção da luz não deve e nem necessita amedrontar-se à face das sombras. Recordemos, nesse sentido, que todas as trevas da noite, se forem condensadas e arremessadas de um só jato, não conseguirão apagar a simples irradiação de uma vela.[11]

Emmanuel

Reformador | Março de 1975

[11] Segundo consta do original, a página foi recebida em reunião pública da Comunhão Espírita Cristã, na noite de 04/08/1972, em Uberaba, Minas Gerais.

PASSO A PASSO

Todos nós – os espíritos em evolução na Terra – somos seres incompletos, reclamando educação e aperfeiçoamento. Somos criaturas humanas, diremos nós, e a vida acrescenta que somos criados para a aquisição de qualidades divinas. Reflitamos nisso e ser-nos-á fácil reconhecer que tão-só entraremos na posse de semelhantes luzes confiando-nos a elas pelo trabalho persistente no bem de todos até que a sombra da nossa inferioridade se dissipe inteiramente.

Iniciemo-nos pelos degraus mais simples.

❖

Sabemos que o egoísmo nos enregela. Empenhemo-nos a desterrá-lo de nós, abrindo-nos ao influxo da abnegação tanto quanto se nos faça isso possível.

Estamos convencidos de que o ressentimento nos induz ao desequilíbrio. Dediquemo-nos a perdoar todas as ofensas, sejam quais forem, procurando claramente esquecê-las.

Não ignoramos que o hábito de reclamar contra as faltas alheias nos emoldura a imagem pessoal na aspereza e na antipatia suscetíveis de nos entravarem a marcha rumo à frente. Eduquemos os próprios impulsos na escola da compreensão e da paciência, e, para logo, perceberemos que os outros não conseguem efetuar o aprimoramento espontâneo carregando impedimentos e lutas que também nos ocorrem.

Não desconhecemos que a sovinice nos resseca o sentimento. Aprendamos a doar do que sejamos e do que temos a benefício do próximo, a fim de desabotoar, no próprio íntimo, as fontes do amor sempre mais puro.

A pedra, antes de transfigurar-se em obra-prima, é talhada e burilada segundo o plano a que deva servir. Disciplina precede espontaneidade.

O mal expressando ignorância e a treva significando o erro da perturbação a que tantas vezes nos arrojamos sem perceber constituem o montante de nossas imperfeições a manifestar-se, entretanto quanto mais nos entregarmos ao bem e à luz mais amplamente conquistaremos as qualidades divinas a que todos nós nos endereçamos, porque o bem e a luz em nós são, em tudo, a parte crescente e inalienável de Deus.[12]

Emmanuel

Reformador | Maio de 1975

[12] Segundo consta do original, a página foi recebida em reunião pública da Comunhão Espírita Cristã, na noite de 03/09/1971, em Uberaba, Minas Gerais.

NOS MOMENTOS CRÍTICOS

"Ora, é em paz que se semeia o fruto da justiça para os que promovem a paz."
– Tiago, 3: 18

Não apenas suportar as tribulações que nos caibam. Auxiliar – mas auxiliar positivamente –, a fim de que se extingam no nascedouro quaisquer motivações para dificuldades alheias.

Comecemos pela área em que se nos desdobram as atividades no cotidiano. Em qualquer lugar que se mostre assinalado pelo desequilíbrio, movimentemos os recursos indispensáveis à rearmonização.

No ambiente obscurecido por azedume ou desespero, liguemos os comutadores da fraternidade para a usina do bem, fazendo a luz da tolerância e do apaziguamento que dissipe as trevas da incompreensão.

Onde apareçam queixa ou desânimo, envenenando o círculo de trabalho em que vivemos, procuremos manejar os instrumentos da coragem e do otimismo para renovar a esperança e a alegria de viver.

Abster-nos de ampliar a desarmonia.

Fugir de comunicar a discórdia.

Olvidar desajustes.

Suprimir quaisquer causas de reclamação ou desentendimento.

Ainda quando nas situações consideradas difíceis se rogue o concurso da verdade nas obras de esclarecimento, busquemos administrá-la aos que necessitem dela em doses compatíveis com a posição e condição espirituais que apresentem, utilizando-a no veículo do amor.

Forçoso não esquecer, em semelhantes crises, que Deus encerra em Si toda a verdade e todo o amor, no entanto, por amor à Criação, espera que a vida cresça em grandeza e compreensão para iluminá-la com a verdade.

Amemos, sobretudo. Auxiliemos, entendamos, amparemos e abençoemos sempre.

Por amor à verdade, saibamos viver na verdade do amor, dentro da qual cada um de nós – de nós para os outros – pode e deve ser um canal vivo e incessante da bênção de Deus.

Emmanuel

Reformador | Outubro de 1975

A OBRA DO EVANGELHO

Muitos daqueles que se entregam atualmente aos postulados científicos do Espiritismo condenam os estudiosos das ilações de ordem moral e religiosa, às quais a Doutrina, inevitavelmente, conduz com as suas expressões fenomênicas, demonstrando as realidades espirituais.

Mesmo aqui no Brasil, onde Ismael fixou as bases luminosas do seu programa, observam-se movimentos sub-reptícios tendentes a nulificar a ação do Evangelho, eliminando as feições religiosas e consoladoras da Doutrina.

Que se crie uma ciência nova sobre a argamassa dos fenômenos espíritas, que se amplie a metapsíquica, com os seus compêndios de complicada terminologia é natural, mas que se olvide que o moderno Espiritismo tem de ser a confirmação do Cristianismo, em sua primitiva pureza, restaurando as forças coletivas para a prática do bem, é inadmissível.

As ciências terrenas têm um valor sobremaneira relativo diante das leis transcendentes que regem o mecanismo dos destinos. O homem físico tem atingido a cumeadas evolutivas, mas o homem moral se ressente de graves lacunas e grandes defeitos. Para o primeiro, a Terra está cheia de novas comodidades e de eficazes tratamentos. Para o segundo, porém, só existe um caminho de progresso – o do instituto cristão.

Na compreensão exata do Evangelho está hoje guardada a solução de todas as crises que assoberbam os humanos. O critério de civilização ou de cultura, sob o ponto de vista mundano, não resolve os sérios enigmas que preocupam a mentalidade geral, porquanto, moralmente falando, o homem está cheio de necessidades. A mensagem do Cristo, ainda hoje, é obscura e desconhecida no ambiente de quase todas as nacionalidades, não obstante as igrejas de todos os matizes, isoladas dos verdadeiros característicos do Cristianismo. Muitos povos esperam ainda a palavra do Mestre para que aproximem as suas leis do Código da Fraternidade e do Amor.

No domínio das coisas espirituais, o homem ainda oscila entre a civilização e a barbaria. Daí se infere a necessidade de se esclarecer o entendimento humano no que se refere aos seus deveres divinos.

Todos os programas dos ideais espiritualistas têm de se basear na melhoria do homem. O Espiritismo terá de reviver o Cristianismo ou terá de perecer – as suas questões científicas são acessórios necessários à sua evolução como doutrina, mas não significam a sua vitalidade essencial. Os que malsinam a obra evangélica, tachando-a de inútil e descabida, não aprenderam as grandes verdades da vida, despidos do senso das realidades atuais.

É necessário que os espíritas se convençam de que toda a obra doutrinária, sem o concurso da parte moral do Espiritismo, passará como meteoro. Se nas vossas atividades consuetudinárias tendes visto fracassarem inúmeras edificações rotuladas com a nossa fé consoladora, semelhantes desastres são o fruto de injustificáveis irreflexões. Antes de criar os espíritas conscientes dos seus deveres de fraternidade, de humildade e de amor, tendes levantado as obras espíritas vazias das consciências esclarecidas, inaptas a orientá-las no labirinto das atividades modernas. Criar instituições sem afinar as mentes que as nortearão nos ambientes da coletividade, de acordo com os seus objetivos sagrados, é meio caminho andado para a sua própria falência.

Convencei-vos de que a atualidade necessita do esforço comum de todos à sombra da bandeira da tolerância e da unificação para que se dissemine a lição do Evangelho em todo o planeta. Antes dos cérebros, faz-se mister iluminar-se os corações. O Espiritismo marchará com o Cristo ou se desviará de suas finalidades sagradas. Ou os homens realizam o Evangelho ou a sua civilização terá de desaparecer.[13]

Bittencourt Sampaio

Reformador | Março de 1976

[13] Segundo consta do original, a recepção da mensagem data de 24/03/1936, há exatos 40 anos daquela edição de *Reformador*. Verificamos que, posteriormente, também foi publicada na revista *O espírita*, órgão de divulgação do Centro Espírita Fonte de Esperança, do Distrito Federal, GO, na edição de julho/dezembro de 2005, às p. 13-14. Disponível em: <https://issuu.com/fontedeesperanca/docs/revista_espirita_120>. Acesso em: 2 abr. 2017.

MENSAGEM DE ENGRÁCIA FERREIRA

1

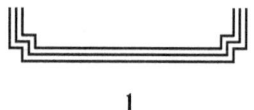

Filhos, que Deus vos abençoe.

Não sei como hei de agradecer a Jesus a graça divina de poder vir falar-vos esta noite guiada pelos seus santos mensageiros. Faz bem poucos dias que a morte me arrebatou do convívio da família, mas, graças a Deus, longa foi a minha preparação para o desenlace. Minhas palavras, meus filhos, eu as dirijo a todos, mas, em particular, à minha inesquecível Julinha, que deixei continuando a tarefa na qual empreguei os meus esforços dos derradeiros dias terrestres.[14]

Graças a Deus, minha Julinha, aqui estou de novo a conversar contigo e quero que digas aos nossos teimosos que a tia Engracinha está mais viva que nunca.[15] Sinto ainda uma grande fraqueza e pareço mais uma ave que está dando os primeiros voos fora do ninho, mas sinto-me mais ágil; a vista, sinto-a melhorada, e todos os demais órgãos do meu corpo espiritual parece que vão trabalhando com mais facilidade, supondo-me restabelecida e remoçada.

---

[14] Trata-se de Júlia Pêgo de Amorim, sua colaboradora no trabalho de transcrição das obras fundamentais do Espiritismo para o Braille. Vide nota complementar à p. 152.
[15] Em referência a alguns afeiçoados seus que ainda não admitiam a comunicação dos espíritos.

Não avalias quanta coragem e quanta fé precisei guardar para o último instante. Nos meus derradeiros dias, sentia intimamente grande pesar em virtude da tua ausência involuntária e procurei organizar as coisas de maneira que me entendesses quando voltasses para casa. Felizmente, porém, o nosso divino Salvador não me deixou partir sem te ver ainda uma vez com os olhos da minha carne envelhecida e inutilizada.

Naquelas últimas horas, quando ia entrando o meu cérebro num estado de confusão e de semi-inconsciência, notei que se ia formando junto de mim uma nuvem esbranquiçada e somente depois vim a saber que eram os meus próprios fluidos espirituais, que, aos poucos, se iam desprendendo do corpo cansado da luta. Assustei-me com todas essas emoções, mas pareceu-me que mãos enérgicas e fortes me submetiam a passes magnéticos, trazendo-me um sono bom, e desejei ansiosamente dormir, sossegar o coração abatido nas penas da Terra.

Graças a Deus, minha Julinha, tudo passou-se bem. Ainda estou sem saber definir as coisas que me rodeiam, mas tive a ventura de ver o meu Daniel, a Júlia, o Antônio e outras pessoas caras aos nossos espíritos.

Tenho procurado ser forte o mais possível, mas apesar de ter estado na Terra quase um século, e reconhecendo a minha necessidade de vida nova, ainda fico preocupada, muito preocupada com a minha querida neta e com todas e todos os demais, tão apegados comigo.

Deus velará por todos. Ora por mim e faze, em meu nome, esse pedido a todos os da família. Começo agora a aproveitar das sementes de sacrifício da Terra.

As lágrimas daí, minha boa sobrinha, são os risos daqui. Nunca temas o sofrimento.

Meus filhos, Deus vos abençoe. Pedi a Jesus pelo meu espírito. Vossas preces me fortificarão. Não sei se terei dito o que desejava. Sinto-me ainda um pouco atordoada, como é natural. Deus vos abençoe e fique convosco.[16]

Engrácia

Reformador | Julho de 1976

[16] Conforme verificado nas obras organizadas por Wanda Amorim Joviano, a saber *Sementeira de luz* (VINHA DE LUZ, 5. ed., 2015) e *Militares no Além* (VINHA DE LUZ, 2. ed., 2009), a mensagem foi psicografada em 06/05/1937, menos de um mês da desencarnação de D. Engrácia Ferreira. Sabe-se que ela foi "(...) pioneira do alfabeto Braille para cegos, desencarnou a 21 de abril de 1937. Menos de um mês depois, a 6 de maio, comunicava-se por meio de Chico Xavier em mensagem dirigida a Júlia Pêgo de Amorim, sua sobrinha, solicitando a continuação de sua obra. Onze dias depois, Chico recebe a segunda mensagem, na própria grafia do Braille, que foi publicada em *Reformador* de junho de 1938. (...) No dia 16 de novembro de 1938, transmite a terceira mensagem, sugerindo que ela transpusesse para o Braille determinado dicionário de Português, obra que havia deixado inacabada. D. Júlia, atendendo à solicitação da querida amiga espiritual, aprendeu sozinha o alfabeto Braille, copiando letra por letra. Para certificar-se, pediu a um cego que lesse o que havia escrito, cujo resultado encheu-lhe de alegrias. A partir daí transformou-se numa verdadeira missionária do Braille. Reuniu em sua casa várias senhoras interessadas nessa obra de altruísmo - na prática do ensino do Braille. Em 1939, iniciou a transcrição do *Dicionário da Língua Portuguesa*, de autoria de Hildebrando Lima e Gustavo Barroso, cujo trabalho durou cerca de 4 anos, dando, ao todo, 64 volumes. Em 1945, Chico Xavier recebeu a quinta mensagem do espírito Engrácia Ferreira, agradecendo à sobrinha o atendimento e o valioso trabalho em prol dos cegos. D. Júlia iniciou um curso gratuito do Braille no centro da cidade, visando maior número de colaboradores. Transcreveu para esse alfabeto inúmeras obras espíritas e não espíritas, entre as quais *O Evangelho Segundo o Espiritismo*, *Agenda cristã*, *Cartas do Evangelho*, *Voltei*, *Pequenas mensagens* e muitas outras, todas doadas à Sociedade Pró-Livro Espírita em Braille (SPLEB). (...).' Segundo Wanda Amorim Joviano, sobrinha-neta de Engrácia Ferreira, em nota em livro de sua organização, juntamente de Geraldo Lemos Neto, o *Depois da travessia*, psicografado por Chico Xavier, por espíritos diversos (VINHA DE LUZ/DIDIER, 2013, p. 90), 'Tia Engracinha, já no plano espiritual, reconheceu-se devedora dos cegos, porque, mulher poderosa em vida anterior, decretara tal pena ao chefe de insurreição surgida em seus domínios e, em o fazendo, teve como vítima o próprio filho'." Referenciado em nota explicativa da obra já citada, p. 90, e no livro *Palavras sublimes*, psicografado por Chico Xavier, por espíritos diversos (VINHA DE LUZ, 2014, p. 104), também organizado por este autor.

MENSAGEM DE ENGRÁCIA FERREIRA

2

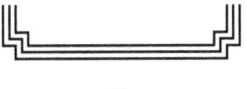

Minha boa Julinha, a paz de Deus, nosso Pai, seja em teu generoso coração, sempre tão cheio de fé.

Trabalhemos pelos cegos, minha filha, pensando que a cegueira do espírito é bem mais triste que a dos olhos.

Hei de ajudar-te com o favor de Deus.

A tia,[17]

Engrácia

Reformador | Julho de 1976

[17] O *Reformador* apresenta essa mensagem em Braille. Segundo consta do original, a página foi recebida em 17/05/1937. Encontra-se reproduzida em nota nos livros *Militares no Além* (VINHA DE LUZ, 2009, 2. ed., p. 28), organizado por Wanda Amorim Joviano, e *Depois da travessia* (VINHA DE LUZ/DIDIER, 2013, p. 90), organizado por Geraldo Lemos Neto e Wanda Amorim Joviano, ambos da psicografia de Chico Xavier, por espíritos diversos.

MENSAGEM DE ENGRÁCIA FERREIRA

3

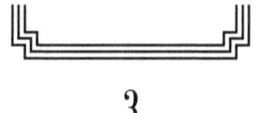

Minha filha, essa é uma das modalidades mais simples do alfabeto dos cegos. Faltam outras letras e abreviaturas, que poderei ensinar de outra vez. O alfabeto tem sofrido transformações. Corrige algum lapso das páginas de hoje, que se destinam à sua mãe.[18]

Deus lhes dê paz e saúde. Colabore, Maria, na nossa obra, quando lhe for possível. Tenho conhecido suas dedicações. Continue ensinando às meninas que buscam abrigo no seu teto, como vem fazendo.

Tenho visto seus bons desejos.

Deus há de abençoá-la.

Muita paz e saúde a todos.

Da velha tia,

Engrácia

Reformador | Julho de 1976

[18] A entidade comunicante faz alusão à mensagem recebida anteriormente, na mesma data de 17/05/1937, e que reproduzimos neste volume à p. 153. A mensagem foi destinada à Maria Joviano, filha de D. Júlia Pêgo Amorim.

SIGAMOS VIGIANDO

Compreendemos a expectativa angustiosa dos companheiros sinceros à face das imposições da lei humana e esperamos unicamente do Cristo a inspiração e a providência necessárias à execução dos nossos deveres evangélicos nos círculos da carne, ou fora de suas expressões, mas em serviço, nas atividades terrestres.

O esforço sacrificial é crescente e seria desnecessário acentuar que os amigos desencarnados não podem indicar o caminho a seguir.[19] Nossas estradas se identificam e entrelaçam em quase todas as características, e se os campos de ação diferem na estrutura essencial, nós, os trabalhadores, somos os mesmos.

Semelhantes afirmativas não constituem linguagem sibilina ou propósito de escapar ao exame direto do assunto. É,

[19] Referência às perseguições sofridas pela FEB. As edições de *Reformador* dos meses de outubro de 1974, p. 308, e de março de 1976, p. 67-68, aludem ao assunto.

sim, respeito à lei universal da responsabilidade e do testemunho consciencial do discípulo no trabalho que foi chamado a cumprir. Estamos em luta e podemos esperar o assédio do mal e aquele "escândalo necessário". Entre o "fermento dos fariseus" e o "pretório" onde os "Pilatos" se multiplicam, o discípulo segue negando-se a si mesmo e carregando a cruz redentora. Este é, ainda, o caminho.

Nas emergências em curso,[20] queremos lembrar que não existem dispositivos humanos que coíbam o ato de dar no instituto comum de fraternidade humana, ou que impeçam a oração sincera na manifestação universal dos melhores sentimentos das criaturas.

Recordando esse imperativo da vida, somos de parecer, igualmente, que se nunca deveremos negar a Deus o que é de Deus, sempre haverá um meio de atender a César no capítulo de suas exigências mutáveis, em cada fase das grandes experiências coletivas.

Eis a razão pela qual consideramos que, se for necessário, devem os cristãos voltar às portas fechadas das catacumbas, mas que não apaguem a luz confiada às suas mãos.

Entendemos a complexidade das obrigações cometidas aos discípulos novos, em vista da leviandade com que se vão rotulando, com o nome de Espiritismo, imensas absurdidades e extravagâncias. É nesse acervo de incompreensões e intoxicações psíquicas que os discípulos fiéis encontrarão o seu testemunho, porque, na Terra, o justo suportará o peso das injustiças, qual aconteceu ao Mestre divino em sua passagem pelo mundo.

Nessa movimentação, porém, a liberdade entre os aprendizes é apanágio de cada um e cada qual deve ponderar

---

[20] Referência às perseguições sofridas pela FEB. Vide nota anterior, à p. 155.

quanto às suas possibilidades de testemunhar, como e quando, razão por que não podemos dizer "Marchemos cantando", mas "sigamos vigiando". A hora não é de entusiasmos e sim de prudência; não é de inquietação, mas sim de oração ativa. De nós, nada temos, no entanto estou certo de que Jesus não nos faltará com o necessário ao cumprimento do nosso dever.

Esperamos que a sua misericórdia nos conceda, a nós, os companheiros desencarnados, a iluminação precisa para que possamos cooperar com o teu esforço[21] e dos demais partícipes das grandes responsabilidades da Casa de Ismael.

É a súplica do menor dos teus irmãos,

Emmanuel

Reformador | Agosto de 1976

[21] Em referindo-se a Guillon Ribeiro, presidente da FEB em 1937.

DIANTE DA IRRITAÇÃO

"Portanto, tomai toda a armadura de Deus para que possais resistir nos dias maus, e depois de haver feito tudo ficai firmes."
– Paulo (Efésios, 6: 13)

Quando a irritação te ameace, recorda o lado bom das criaturas e das situações. Quantos pontos satisfatórios estarão na outra face das motivações infelizes?

Realmente, obstáculos terão aparecido, induzindo-te a desconforto. Entretanto quem dominará qualquer aprendizado sem os testes precisos? Forçoso é considerar que ninguém com espírito de responsabilidade conseguirá facear empeços com despreocupações, mas também não precisa perder a serenidade, a fim de superá-los.

Nos momentos de crise, acalma-te e faze o melhor ao teu alcance. Irritação é sempre uma parcela de caminho a mais na direção da cólera e a cólera é uma explosão de agentes destrutivos, aniquilando os melhores valores da vida.

Quando os problemas se acumulem, refugia-te na prece, mesmo que seja por instantes, agradecendo à Divina Providência os bens que já possuis.

Na oração, encontrarás, de novo, a tranquilidade necessária para rearticular as próprias forças, prosseguir na construção do bem e ficar firme.

Emmanuel

Reformador | Setembro de 1976

TRABALHEMOS PELO EVANGELHO

É consolador notar-se, em todos os recantos do Brasil, o incremento das ideias espíritas-cristãs à base do Evangelho de Jesus.

Nesta época dolorosa de mórbidos extremismos, em que as comoções revolucionárias subjugam quase todos os povos do planeta, é necessário considerarmos que a chamada civilização cristã não chegou a se cristianizar.[22]

Tantos e tão comovedores são os flagelos das guerras atuais, crucificando a alma de coletividades atormentadas e sofredoras, que chegamos a ponderar se todos os que trabalharam no passado pelo desdobramento da evolução humana não teriam fracassado em seus propósitos de organizar a vida civilizada no orbe.

Tocais a uma época em que todos os valores religiosos se transformaram em valores transitórios da política e em que as ciências morais, edificadoras da consciência humana, se desorganizam num complexo de utilitarismos que apenas vieram comprometer ainda mais a posição das criaturas humanas a caminho da perfeição integral.

A Europa, que há muitos séculos guarda consigo a liderança da cultura e do progresso de todos os povos do mundo, se debate entre ameaças crudelíssimas. Seus fenômenos políticos são os mais complexos e mais obscuros que se pode

---

[22] Segundo consta do original, a mensagem foi psicografada em 13/11/1936.

conceber. A última guerra, que na opinião de um dos vossos estudiosos de sociologia e de política representou uma chuva de sangue que lavou a cara pintada da sociedade hipócrita do Velho Mundo, veio destruir todos os edifícios que as filosofias ali haviam pacientemente organizado.[23] Grandes normas da vida coletiva, em todos os setores mais diversos de suas atividades, foram eliminadas, impiedosamente, e do trabalho gigantesco de tantos espíritos beneméritos do passado restam hoje as experiências do fascismo antirracional e do comunismo antibiológico. Doutrinas políticas perversoras e antagônicas, elas só poderão, no desdobramento das atividades de suas organizações, apressar o choque final dos povos na conflagração esperada. Dentro dos seus programas políticos, faleceram muitos nos mais comezinhos princípios de direito internacional e de posição histórica dos países. Ainda há pouco tempo, a imprensa hitlerista, logo após a reocupação da zona desmilitarizada da Renânia, considerava os tratados de paz como grandes exércitos de parágrafos. Os nacionalismos e os coletivismos, largamente praticados na Europa moderna, estão contra as mais sadias normas da vida. Todos esses sistemas de governo, como têm sido compreendidos e interpretados nos tempos atuais, significam a expressão das mais terríveis ditaduras. O mundo terá de se equilibrar à custa do equilíbrio dos fenômenos da troca entre os países que o constituem geograficamente. A autarquia preconizada pelos nacionalismos extremos, essa doutrina política do "bastar-se a si mesmo", isolando-se cada qual da comunidade internacional, não poderá presidir os fenômenos da evolução planetária. A Rússia, não obstante os seus rótulos de socialismo avançado, não é menos perigosa que a Itália fascista nesse particular. Ambas são líderes de um movimento mundial de extremismos dissolventes e enquanto os produtos ideológicos dessas nefastas doutrinas de governo se digladiam entre si martirizam-se corações nos seus movimentos corruptores, naufragam caracteres dentro de novas tiranias sociais e o sagrado patrimônio da vida vai-

---

[23] Em referência à guerra de 1914-1918.

-se esboroando, à míngua de ideais renovadores do espírito que surgissem no mundo, sem o concurso das lutas fratricidas e indenes do vírus nefasto da guerra.

Temos já afirmado muitas vezes que toda a civilização ocidental depende da guerra. Dentro do seu mecanismo econômico, científico, industrial e político, a guerra é indispensável. As armas representam sua vitalidade essencial. Todavia é necessário que essa situação se transforme, levando-se às almas algo de esclarecimentos espirituais.

O capitalismo que esquece a agricultura, a indústria, a coletividade para financiar os movimentos destruidores e fratricidas deve ser, sumariamente, condenado.

Ainda agora vemos um exemplo frisante e acabrunhador. Depois de sustentar, com seus vastos capitais, financiando e mantendo os movimentos revolucionários dirigidos pelo General Franco, o capitalista espanhol Juan March repousa tranquilo em Paris, longe do cenário horrível onde, até agora, já se trucidaram algumas centenas de milhares de vidas.

A civilização do Ocidente, apesar de todos os seus monumentos grandiosos, está armando, com a pletora de suas riquezas, o catafalco de suas conquistas.

Não bastaram os sacrifícios de quantos se entregaram, no pretérito, em holocausto à ciência, à política e à religião. A ciência, com honrosas exceções, acastelou-se nas suas concepções transitórias, fechando-se no dogmatismo acadêmico, a política tornou-se um vasto centro de interesses pessoais, onde preponderam os direitos da força, e a religião transformou-se em elemento de conservação de dogmas absurdos, quando não representa para os seus expositores uma indústria de rendas comuns. Dentro do aviltamento dessas forças que, conjugadas, deveriam orientar a evolução coletiva, reconheceis a falência de todas as vossas atividades no sentido de se organizar e construir.

Será agora, depois dos choques próximos das ideologias que envenenaram as fontes de vossa cultura social e política, que os homens terão de voltar os olhos para o microcosmo da Galileia.

O Direito romano, os princípios liberais da Revolução Francesa, os novos sistemas coletivistas que, atualmente, pondes em prática, têm de passar, futuramente, através da retorta do Evangelho de Jesus para se refundirem, objetivando-se, assim, o vosso progresso comum. Até lá, porém, assistireis a muitas dores. Os homens terão de conhecer o caminho com as suas experiências pessoais, valorizando as suas iniciativas.

Confiamos nas concepções da América, cheia de luz e de liberdade, e observando-se o fenômeno evangélico que vai sendo, lentamente, embora maravilhosamente interpretado por algumas das coletividades brasileiras, concluímos pela grandeza da missão do Brasil como preparador e realizador da política do futuro, política cristã, sobretudo. E que todos nós, desencarnados e encarnados, possamos nos unir, dentro da mesma vibração construtora da fé, laborando ativamente para que a terra brasileira seja o paradigma dos povos no concerto de todas as nacionalidades do mundo.[24]

Emmanuel

Reformador | Novembro de 1976

---

[24] Consta do original a seguinte observação acerca das notas explicativas: *"(...) desejamos, à guisa de esclarecimento, aditar o seguinte: a mensagem que ora publicamos, como se vê pela data* [13/11/1936], *recebeu-a o médium Francisco Cândido Xavier então domiciliado em Pedro Leopoldo (MG), há precisamente quarenta anos. Encontramo-la por um desses chamados 'acasos', entre velhos papéis do arquivo febiano. Ela, porém, sobre ser antiga não é velha, visto que os seus apelos à união, ao trabalho pelo Evangelho, a par de sadias advertências, se encaixam em contexto de orientação doutrinária de inegável atualidade. O diagnóstico dos males do nosso mundo, suas causas e implicações, foi perfeito, objetivo; o que prognosticou, com destaque, em alguns pontos, e, de maneira implícita, nos demais, não o foi menos, já que as dolorosas experiências dos últimos quatro decênios são registros indeléveis da história, testificando que a civilização terreal, qual sucede até o presente, não levara a sério os ensinamentos de Jesus, o Cordeiro de Deus. (A Redação)".*

CARTA A UM JOVEM

Diversos amigos espirituais procuram estimular-lhe as energias na sementeira de renovação interior ao clima abençoado do Evangelho.

Não cultive qualquer sombra de dúvida no coração.

O trabalho é uma estrada luminosa e alegre na direção da vitória com o bem.

E, nesse sentido, a sua alma de semeador da Boa Nova vem encontrando júbilos diferentes na marcha para os cimos da libertação.

Não descreia da sua possibilidade de realização com o Cristo. Nosso maior enigma na carne é a desintegração de certas algemas pesadas que nos jungem a concepções individuais por nós cristalizadas, apaixonadamente, nos círculos do tempo. Sentimos a revelação do Céu, mas conservamo-nos presos a determinados sistemas de luta na Terra e entre a esperança e a construção do novo destino despendemos anos a fio, porquanto nem sempre adquirimos a coragem precisa para avançar.

Não se acredite, porém, encarcerado nas limitações dessa natureza. Seu espírito tem sabido criar um novo campo de ação, dentro de si mesmo, para levantar voos novos no porvir iluminado pelo Cristianismo redivivo.

Não guarde inquietações, contudo, em sua jornada para os nossos objetivos fundamentais. O esforço de cada dia é o ascendente legitimo da coroa do êxito no século. Cada um de nós aproveitará os minutos, santificando-os com o serviço renovador, se desejamos alcançar as obras que nos comprometemos a realizar. Companheiros de sua condição, que podem contemplar a verdade, em pleno roteiro juvenil, podem concretizar alta percentagem do nosso idealismo espiritista-cristão no mundo.

Não vemos no movimento que vocês, os irmãos mais jovens, realizam uma excursão à esfera das imagens sem consistência ou dos sonhos inúteis, em que a demagogia ardente, compreensível nos corações menos experimentados, pretenda estabelecer linhas divisórias entre a mocidade e a velhice, consideradas na expressão carnal da vida terrestre, mas sim larga cruzada de educação, onde a educação pode, realmente, plasmar sublimes milagres para o mundo regenerado de amanhã. Observamos na sementeira que vocês intensificam a promessa do futuro pelo trabalho preparatório do presente. Em razão disso, consideramos que o seu coração, integrado nesse abençoado esforço, conseguirá atingir grandes edificações no porvir com o aproveitamento valioso da oportunidade de aprender e agir, trabalhar e servir pelo triunfo brilhante da causa divina da humanidade, que é, portanto, a nossa própria causa.

Auxilie os irmãos de tarefa, colaborando consigo mesmo, no erguimento da luz acima das sombras e do bem sobre a imperfeição.

Não há juventude ou velhice segundo o conceito humano. Há moços que se revelam em plena senectude pelo abatimento espiritual e pela ansiedade inoperante com que comparecem diante do altar da vida, e anciãos que se mostram maravilhosamente rejuvenescidos pelo espírito de trabalho e pelo entusiasmo com que aceitam as dificuldades e os desafios da vida.

Conquistemos, pois, visão, meu amigo, para que a Terra nos confie a divina herança a que nos achamos destinados. Dilatemos a nossa capacidade de receber as bênçãos do Infinito, descerrando novos horizontes dentro de nossas próprias almas, a fim de que nosso "eu" encontre a necessária sublimação para refletir os desígnios do eterno e compassivo Senhor.

Coloque o seu ideal de crescer mentalmente com o Cristo acima de todas as preocupações de natureza terrestre e não nos esqueçamos de que a nossa tarefa, no momento, é a de educar em todos os setores, através da boa vontade, do estímulo fraternal, da caridade incessante e da cultura enobrecedora, entre jovens, velhos e crianças. E consagrando as nossas horas à obra do aperfeiçoamento espiritual, em nós e fora de nós, sob os padrões do Cristo, nosso Mestre e Amigo celestial, esperemos por ele, cada dia, no abençoado trabalho de nossa redenção.[25]

Emmanuel

Reformador | Novembro de 1976

[25] Consta do original que a mensagem foi recebida em sessão pública realizada no Centro Espírita Luiz Gonzaga, em Pedro Leopoldo, Minas Gerais, na noite de 02/10/1950. Nele há a seguinte observação: "*(...) Emmanuel dirigiu a mensagem (...) ao "Irmão Américo", que o buscara, há vinte e seis anos, para receber orientação quanto a um adequado roteiro de trabalho no campo de realizações espiritistas a que se filiara* [sic]. *(...) A página inédita foi-nos cedida pelo seu destinatário, o Dr. Américo Luz, juiz federal do Rio de Janeiro, confrade e colaborador da Federação Espírita Brasileira*".

NO PRUMO DA VERDADE

Louvado seja Nosso Senhor Jesus Cristo.

Em quase um século de codificação kardequiana, vimos as mais variadas experiências no campo da Doutrina Espírita, surgindo e desaparecendo à maneira de cintilações no firmamento das esperanças humanas, cedo absorvidas pelas sombras milenárias que senhoreiam o pensamento terrestre.[26]

Anotamos arrojados espetáculos científicos, em que, atendendo às requisições de sábios honestos, elevados mensageiros prestaram as mais eloquentes demonstrações da sobrevivência individual, depois da morte, e identificamos o levantamento de preciosas tribunas para discussões filosóficas, por intermédio das quais abnegados instrutores da palavra trouxeram à inteligência os mais altos testemunhos da verdade pura.

---

[26] Consta do original que a mensagem foi ditada na presença de Antônio Wantuil de Freitas, então presidente da FEB, em 15/04/1956, em Pedro Leopoldo, Minas Gerais, por ocasião de visita feita ao médium Francisco Cândido Xavier. Não há referência de local.

Entretanto quase todas as empresas da Ciência e quase todos os cometimentos da Filosofia imobilizaram-se, à distância do progresso, confundindo-se, muitas vezes, com a negação sistemática por exigirem a interminável recapitulação de estudos e pesquisas, com grave perda de tempo para os quadros evolutivos da humanidade. E que, em maioria, os investigadores das realidades eternas, de todos os tempos, pretenderam, debalde, ajeitá-las a transitórias conveniências do mundo como se lhes fosse possível desviar o prumo da verdade. Outros perseguiram, simultaneamente, a revelação do Céu e o domínio da Terra, proclamando a fraternidade e cultivando o ódio de raça, destacando as excelências do amor e desvairando-se nas paixões desregradas ou, ainda, exalçando a incorruptibilidade dos bens celestes e algemando-se, eles mesmos, à cobiça vulgar.

Enquanto isso, e enquanto respeitáveis experimentações de nossa fé acenam e passam nos cenários do mundo, a obra de Ismael prossegue firme. Situada no Brasil para efetuar a revivescência do Evangelho de Nosso Senhor Jesus, assentada no Espiritismo, que constitui o glorioso Paracleto, a tarefa sublime do excelso Emissário, sediada na Federação Espírita Brasileira, continua usando as chaves da Codificação de Allan Kardec para descerrar aos tempos novos a claridade imperecível das lições do Senhor. É por isso que ela representa, em todos os recantos do "Grande Lar Brasílio", não somente o pão dos famintos e o agasalho para os nus, o socorro aos doentes e o amparo às criancinhas necessitadas, o asilo dos velhos relegados ao abandono e o refúgio dos sofredores, mas também a fonte de luz para a formação do verdadeiro entendimento evangélico, pelo qual a fraternidade legítima e o serviço ao próximo consigam substancializar a justa renovação espiritual da Terra inteira.

Reunidos, pois, convosco, em nome da Causa de Ismael, reafirmamos as responsabilidades de nosso mandato como servidores humildes do excelso Mensageiro.

A iluminação dos corações e das consciências sob a égide da Boa Nova, na esfera do Espiritismo, é, indiscutivelmente, o florão de nossas mais elevadas promessas.

Conduzamos, assim, o Evangelho a todas as criaturas no trabalho da educação redentora, com Jesus, por Jesus e seguindo para Jesus, hoje e sempre, porque nas pompas cerebrais da civilização do Ocidente o Espiritismo sem o Cristo seria apenas mais uma aventura da experimentação e do raciocínio a caminho do caos.

Bittencourt Sampaio

Reformador | Janeiro de 1977

HOSPITALIZAÇÃO CARCERÁRIA

Quando tiveres de anotar o comportamento dos irmãos reeducandos em retiros carcerários, deixa que a compaixão se te instale no espírito antes que a palavra te configure as considerações. Presídios são escolas-hospitais dignas de apreço. Irmãos internados nesses educandários se erigem à posição de enfermos em tratamento espiritual.

Magistrados desempenham a função de especialistas cominando preceitos penalógicos à feição de recursos curativos para a supressão de desequilíbrios determinados. E, de nossa parte, devemos ser os irmãos compreensivos de quantos se vejam na condição de doentes da alma, integrando com eles a grande família humana.

Somos todos espíritos imortais, companheiros da mesma caminhada evolutiva. De que maneira condenar os semelhantes se não dispomos de meios para analisar-lhes o sofrimento, quando o sofrimento lhes extravasa do ser em forma de ignorância e doença, obsessão e criminalidade?

Que espécie de dor terá erguido o braço daqueles que promoveram a destruição do próprio corpo? Quem terá impulsionado a mão do homicida contra aqueles que lhe experimentaram os golpes?

Quantos dias de resistência gastaram os corações queridos, mas ainda inseguros, até que se emaranhassem nas trevas da tentação?

Que forças invisíveis na Terra induziram ao enfraquecimento e ao desânimo almas belas e cultas, quando desertaram dos compromissos que elas próprias criaram na causa do bem? E qual teria sido o nosso comportamento se houvéssemos faceado as inquietações e os problemas em que os nossos semelhantes considerados em erro se matricularam em rudes provas?

Meditemos nessas indagações, já que não nos é dado conhecer os dramas da sombra desde o princípio, a fim de que não venhamos a intensificar os obstáculos de quantos se reajustam, muitas vezes, à custa de tribulações e de lágrimas.

Entendemos a legitimidade dos tribunais humanos e todos somos chamados a respeitar-lhes as determinações. Entretanto, nas trilhas do relacionamento mútuo, situemo-nos todos – todos nós, os espíritos ainda vinculados à evolução terrestre – ao esquema das consciências endividadas ante os foros da Divina Justiça. E longe de agravar as aflições dos nossos irmãos sob assistência carcerária auxiliemo-los na reabilitação das próprias forças, rogando à Misericórdia Divina para que se compadeça de todos nós.[27]

Emmanuel

Reformador | Fevereiro de 1977

[27] Consta do original que a mensagem foi recebida na noite de 07/11/1975, em reunião pública do Grupo Espírita da Prece, em Uberaba, Minas Gerais, e que foi transcrita do *Unificação*, órgão oficial de comunicação da União das Sociedades Espíritas do Estado de São Paulo (USE), edição de janeiro de 1976, p. 7.

MAGNETISMO ESPIRITUAL

Seu plano quanto ao magnetismo curador, com expressões técnicas de aproveitamento geral, não resulta de mera elucubração pessoal. Procede do círculo elevado a que se lhe filia a tarefa e creia, meu amigo, que o projeto objetiva campo muito amplo de esclarecimento coletivo.

Nós sabemos que seu cérebro e suas mãos se encontram assoberbados de serviço urgente. Missionário do Direito, seu programa demora-se repleto de obrigações inadiáveis e prementes. Entretanto o dia terrestre corre e a oportunidade de socorrer a esfera dos nossos companheiros encarnados foge rápida.

Necessitávamos particularizar, mais detidamente, os imperativos da atenção que o perispírito vem exigindo.

Não bastará conhecer a mecânica dos órgãos. É imprescindível penetrar o terreno das causas. A vida mental para os setores espiritistas é quase uma incógnita. O pensamento, traduzindo energia radiante, é relegado por muita gente a posição secundária. O homem, como dínamo psíquico, a que os complexos celulares se ajustam em obediência às leis que governam a matéria perispiritual, ainda é de compreensão muito difícil.

Precisamos, sim, meu amigo, de sua instrumentalidade intelectual. Você poderá realizar muitíssimo e fará serviço duradouro pela iluminação evangélica da inteligência. Prossiga em seus estudos e experimentações, concatene resultados, reúna material selecionado, e conte conosco. Sou um insignificante cooperador, mas outros muitos permanecem à espera da sua decisão. A criatura aguarda a deliberação do Céu, todavia há sempre maior ansiedade do Céu pela resolução da criatura. Ligue sua lâmpada à usina da Espiritualidade Superior e verá que a luz sublime lhe incendiará os filamentos. O tempo, contudo, é estreito. Os trabalhadores legítimos são poucos. As dedicações fiéis escasseiam. Não perca, desse modo, o mapa que se desdobra ao olhar percuciente.

Nosso campo de realizações no Brasil reclama esse tipo de trabalho. O passe, o socorro magnético em seus variados matizes, o estudo progressivo dos fluidos, a seleção dos respectivos doadores, a formação de correntes psíquicas, a orientação das energias ectoplásmicas, a divisão de trabalhos nesse particular, a especialização de servidores, com definição exata dos valores passivos e positivos, a ambientação dos recursos espirituais, a assistência imperiosa às mentes enfermiças, todo um mundo novo dentro do Espiritismo evangélico espera desbravadores e missionários fiéis a Jesus e a si mesmos.

Há problemas e experiências tanto aí quanto aqui. Estamos longe da equação final. Não esperem vocês, nos círculos carnais, que nossas mãos venham substituir-lhes os braços. A instituição do esforço próprio é universal.

E desejaríamos que sua inteligência se incumbisse de colaborar conosco nesse vasto reino de "descobertas novas", ou de identificação de verdades não reveladas.

O Espiritismo, qual acontece ao próprio mundo, permanece criado, mas muito distante do aprimoramento final. A obra desafia-nos.

Que o Senhor nos proteja, nos fortaleça e abençoe,[28]

Michaelus

Reformador | Março de 1977

[28] Segundo consta do original, "*Michaelus – pseudônimo de culto confrade já desencarnado – estava em Pedro Leopoldo, MG, quando a mensagem foi psicografada espontaneamente por Chico Xavier. Ele não conhecia Ismael Souto, sobre o qual conseguiu informações bem mais tarde, noutra cidade, após nova comunicação através de outro médium. O livro 'Magnetismo Espiritual', editado pela FEB, cuja 2ª edição está virtualmente esgotada, constitui o resultado feliz desses contatos entre dois 'desconhecidos'*".

A IMPORTÂNCIA DO CENTRO ESPÍRITA

A ideia de uma universidade espírita consubstancia um plano arrojado e belo para a concretização, para o qual rogamos a bênção de Jesus. Obviamente, a instituição de ensino superior para a qual vos dirigis estará subordinada aos preceitos legais, determinando-se ao programa estabelecido para os grandes estabelecimentos do mesmo gênero. Mas a legenda "espírita" ser-lhe-á inspiração e luz no frontispício, garantindo a substância evangélica e a orientação espírita no trabalho renovador das consciências, induzindo vitória do Evangelho em sua expressão simples e pura.

Compreendemos convosco que o templo espírita-cristão é um educandário básico da mente popular, distribuindo esclarecimento e consolo, esperança e paz no campo dos nossos companheiros de jornada terrestre. Aí dentro, nas lições claras da vida, as matérias professadas realmente não são aquelas que se colhem nas fontes da cultura cerebral, entretanto se definem como sendo os roteiros vivos da orientação segura para o êxito na experiência terrestre. Em vista disso, todas as nossas atividades em setores mais altos da instrução acadêmica não nos devem retirar da ação espírita clara e simples na renovação da vida espiritual no planeta.

Conquanto essas ponderações, a universidade espírita obedece a diretrizes superiores e não podemos e nem devemos considerá-la inexequível. Todos os vossos ideais na cultura espírita serão realizados se vos mantiverdes unidos, porquanto do Mais Além não vos faltarão os recursos precisos à materialização dos vossos elevados propósitos. Nesse mesmo sentido, caminhai adiante para a realização dos vossos objetivos outros, notadamente para o erguimento daquele que diz respeito à revista idealizada para a divulgação dos nossos princípios. O mundo de hoje se preocupa com a distribuição justa dos valores que acalentam a vida, e a nós outros, os espíritas encarnados e desencarnados, se debita a obrigação de acender novas luzes para os romeiros em evolução em nossa grande família – a humanidade. Economistas da verdade, saibamos reparti-la com todos aqueles que se albergam nos desvãos escuros da ignorância. Companheiros da bênção, procuremos estender consolação e esperança no meio de quantos se debatem no desespero e na sombra, suspirando pela liberdade dos labirintos de sofrimento em que se tresmalharam. Renascestes, amados amigos, para o socorro às necessidades humanas, especialmente nos campos da divulgação da Era Nova.[29]

Bezerra de Menezes

Reformador | Fevereiro de 1978

[29] Consta do original que a mensagem foi recebida em reunião íntima na Comunhão Espírita Cristã, em Uberaba, Minas Gerais, em 03/05/1969.

CARTA A UM FILHO ESPIRITUAL

Meu bondoso e caro filho,

Que o divino Mestre derrame em teu coração a paz e a resignação devida aos desígnios do Altíssimo.

Não me conheces e é natural que assim seja. Afeiçoei-me a ti e tenho-te por um irmão muito amado. O nosso primeiro contato foi no "Templo de Ismael", onde espíritos sábios e benevolentes, sob a égide do Senhor, espalham as bênçãos da Misericórdia Divina. Sou colaborador de Romualdo nas suas grandes e nobilíssimas tarefas espirituais. Humilde obreiro, pois, da seara divina na atualidade, outrora enveredei pelo caminho do sacerdócio católico aí na Terra. Servindo, porém, a uma corporação religiosa desvirtuada em seus princípios e deturpada em suas bases, fui obrigado, depois de ter pertencido à igreja romana por mais de quarenta anos, a modificar os meus pontos de vista na interpretação dos Evangelhos.

Ao Senhor amei de alma e coração, e graças à sua bondade infinita os mensageiros de Ismael me abriram os olhos para as mais excelsas luzes espirituais. Foi mesmo na grande cidade, onde tens vivido os teus últimos anos, que exerci as minhas funções eclesiásticas, pelejando por alcançar uma perfeição que a Terra não me podia dar e que a minha crença sobremaneira dificultou.

No princípio deste século, regressei à pátria dos espíritos e é com suma alegria que me encontro sempre ao teu lado, como junto de outros irmãos, aos quais me é grato prestar o meu humilde concurso.

Mais de setenta anos vivi na Terra e, assim, é natural que compreenda todas as dores que avassalam os corações. Digo, pois, que a fé é remédio bastante eficaz para desviar o homem das tentações inúmeras que o compelem, frequentemente, a prevaricar, olvidando os seus grandes e preciosos deveres.

A ti estendo aqui, mais uma vez, a minha mão de amigo. Não te esqueças de nosso templo santo e querido, onde Celina distribui as bênçãos sacrossantas da Virgem. A tua ex-companheira de amarguras, alegrias e lutas terrenas está recuperando as forças sob as vistas de amigos devotados, que buscaram suavizar os seus derradeiros tormentos.

Muita serenidade, portanto, para enfrentar os teus combates morais. Não olvides que te segue toda uma legião de amigos intangíveis, que, reconhecendo os nobres impulsos da tua alma, procuram beneficiar-te com os tesouros da sua espiritualidade.

Deus te proteja,[30]

Luiz Antônio de Araújo

Reformador | Fevereiro de 1978

[30] Consta do original que *"a mensagem transcrita foi dada espontaneamente ao médium Francisco Cândido Xavier, em Pedro Leopoldo (MG), durante uma sessão de preces, no dia 19/11/1934. Era destinada ao confrade Francisco Gorgot, que se achava presente. 'Por via oral' – escreveu o seu destinatário –, 'informou-me esse bondoso amigo ter sido vigário em São Cristóvão, aqui no Rio de Janeiro, e que desencarnara em 1902. Foram esses dados que, facilitando-me [sic] as investigações, me permitiram chegar à identidade do espírito que se me comunicara, reconhecendo (...) ter sido o cônego Luiz Antônio Escobar de Araújo'. A Rua Escobar, a uma quadra do Departamento Editorial da FEB, lhe perpetua o nome no bairro em que laborou durante mais de quarenta anos. A edição de 01/01/1935 de 'Reformador' publicou interessantes considerações sobre a vida do estimado e virtuoso sacerdote".*

IDEIA DE MISTIFICAÇÃO

Maria Dolores, irmã e amiga, muita paz ao teu coração.

Sentimos a confiança de teus apelos e aqui nos achamos para o serviço da boa vontade.

Não somos orientadores e sim irmãos em luta na superação de nossas próprias fraquezas e, por isso, não pretendemos orientar nem conduzir.

Companheiros de muitas jornadas, somente buscamos na atualidade o reajuste de nós mesmos na construção que nos compete realizar.

Cultiva a tua mediunidade, com devotamento e carinho, na tarefa do bem que te foi conferida. Usa-a à maneira do lavrador consagrado à terra, quando identificado com a charrua que lhe garante o alimento e a prosperidade.

Não te detenhas na rede dos "porquês" – escura trama que, na maioria das vezes, inutiliza preciosos trabalhadores.

Confia-te ao bem dos que te buscam, convencida de que te não faltará o suprimento da Bondade Divina.

A indagação será oportuna ou valiosa no homem que se devota ao labor simplesmente intelectual, sem qualquer intercâmbio com o sentimento, mas para nós, operários do coração, as perguntas e divagações redundam sempre em deplorável perda de tempo.

Acendamos a luz da prece e atendamos ao próximo necessitado, onde formos convidados a servir.

Mediunidade, minha amiga, quando ajustada à Boa Nova, é trabalho com Jesus. Não importa que o fenômeno convença. É necessário, acima de tudo, que a nossa vontade permaneça vigilante para auxiliar e aprender, incessantemente, com o nosso Mestre e Senhor. Jamais menosprezemos os talentos da hora – cada minuto é semente divina que podemos projetar ao solo da vida na direção da seara de alegria porvindoura.

De todos os ministérios de socorro existentes no mundo, observamos na mediunidade um dos maiores e mais sublimes, porque, em muitas ocasiões, bastam uma prece fervorosa e uma palavra sincera para estancar muitas lágrimas e aliviar muitas dores.

Não permitas que a ideia de "mistificação" te perturbe o serviço purificador. Quando nos achamos em ação na verdadeira caridade, o engano não existe, porque diante de nossa fragilidade, se podemos encontrar a honra de ser úteis, claro está que só a Bondade Divina, através de seus abnegados mensageiros, poderá mobilizar-nos para engrandecimento do bem comum.

Muitas vezes, quando hesitamos sobre a autoria das realizações mais nobres a pretexto de garantir a nossa sinceridade, estamos, simplesmente, adiando a felicidade dos outros, aumentando o sofrimento e a aflição em torno dos nossos passos.

Entreguemo-nos a Jesus e trabalhemos sem repousar. Que ele nos movimente e nos guie de acordo com os seus sábios propósitos, com o esquecimento de nossos caprichos individuais. Procedamos assim e estejamos convictos de que buscando a vontade do Senhor estaremos cooperando em favor de nós mesmos, hoje e sempre.[31]

Emmanuel

Reformador | Maio de 1978

[31] Consta do original que *"a mensagem foi recebida (...) para a médium baiana Maria Dolores, quando de sua visita ao Centro Espírita Luiz Gonzaga, em Pedro Leopoldo, Minas Gerais, na noite de 14/04/1952. Há anos desencarnada, tem essa delicada entidade ditado belos poemas de fé e resignação por vários médiuns"*.

EM TORNO DA GUERRA

A guerra será um desequilíbrio determinado por Deus?

Em hipótese alguma, Deus poderia ser considerado autor de desequilíbrios, quando constitui para nós outros a harmonia suprema.

O flagelo da destruição representa o mais alto desequilíbrio dos homens, constitui seus instintos ferozes desencadeados, sua criminosa indiferença para com os poderes eternos, a resultante da tirania de suas leis. Busquemos figurar a solução para entendimento mais vasto.

O planeta é uma grande escola, onde o espírito humano efetua um curso de aperfeiçoamento. O Senhor do Universo permite que os alunos organizem os regulamentos do enorme educandário à sombra de suas leis inelutáveis. Eis que os discípulos se revoltam, disputam hegemonias injustificáveis, encarceram-se em concepções absurdas no capítulo da política, da filosofia, da religião. Surgem os atritos imensos. Depois do império da ambição, é o império da morte.

Quem poderia atribuir a Deus a desarmonia destruidora?

Contra os que ousassem afirmá-lo, teremos a visão permanente das leis eternas, junto às quais Deus não permite a intervenção dos filhos inquietos. Por mais que as nações se empenhem nos embates sangrentos, o sol continuará prestando benefícios a todos, indistintamente, o frio e a chuva chegarão a seu tempo, flores e frutos surgirão ao lado das batalhas. Ainda que todos os milhões de alunos da grande escola marchassem uns contra os outros, ela continuaria equilibrada para todos, oferecendo a sagrada oportunidade que os discípulos ainda não chegaram a compreender. Vede, pois, a grande leviandade dos que ousam atribuir a Deus o movimento de incompreensão e ignorância das criaturas.

Poderíamos saber qual a nação que sairá vencedora do atual conflito europeu?

Nenhum amigo ponderado dos homens, dos círculos de nossa esfera espiritual, poderia opinar numa interrogação como essa. Entretanto, como todo ensejo deve ser aproveitado para o bem, perguntamos de nossa parte: onde encontraríamos o vencedor entre tantas desolações e ruínas? Terminado o movimento, deveria haver na Terra um grande silêncio. O único triunfador seria Jesus Cristo, sem cujo fundamento de vida e verdade todos os protestos dos homens são inúteis.

O espetáculo é por demais doloroso para que se reflita em cânticos de vitória. Há corações maternos despedaçados, famílias dispersas, crianças que choram de fome, lares que se destroem sob tempestades de fogo. Nas cidades bombardeadas, a dor se sobrepõe às esperanças. O sangue é uma ironia para o despotismo, a morte vagueia sobre a miséria das ruínas fumegantes e pergunta onde se encontra o espaço vital.

Os homens podem invocar o caráter sagrado dos princípios. Mas todos os princípios generosos do mundo vieram do Cristo. A criatura não poderá se gloriar de si própria. Por descuidarem da defesa desses patrimônios que Jesus lhes outorgou, eis que os homens movimentam a carreira das batalhas sangrentas, mobilizam canhões homicidas e semeiam carnificina e destruição.

Quando cair o último soldado, Jesus contemplará o campo ensopado de lágrimas e sangue, e chamando os contendores perguntará, com justiça: "Onde se encontra o vencedor?"[32]

Emmanuel

Reformador | Agosto de 1978

[32] Consta do original que a mensagem trata de questões respondidas por Emmanuel, publicadas em 1942 na revista *O Revelador*, de São Paulo, capital.

1980

Chico Xavier no final dos anos 70,
em fotografia de divulgação.

MENSAGEM DO VISCONDE DE OURO PRETO

Consciente da responsabilidade espiritual que o momento me confere, venho a vós outros felicitar um amigo. Trata-se de você, meu caro Ministro, pelo muito que vem realizando pelo Brasil maior.[1] Não suponha que a espiritualidade se encontre distante da humanidade. Nossas atividades interpenetram-se. A morte física não extingue a luta. O trabalho construtivo prossegue sempre, além das fronteiras sensoriais.

Assunto difícil esse que o habitante de regiões diferentes busca falar na voz daqueles que ainda não se encontram na mesma sintonia de vibrações. Não importa, porém. As situações diversas não modificam verdades essenciais.

É inegável que procuro transmitir um recado através de alguém que se conserva longe de nossas cogitações, entretanto urge aproveitar o telegrafista, qualquer que ele seja, no sentido de veicular a nossa mensagem.

[1] Mensagem destinada ao ministro da Educação Francisco Luís da Silva Campos.

Felicito o seu esforço ministerial, louvando sua capacidade de compreensão.

Não vivemos, desencarnados e encarnados da Terra, uma época vulgar. O momento é de transições profundas, requisitando intervenções enérgicas. E o Brasil, no concerto dos povos, tem a sua especial destinação como pátria de regeneração do Cristianismo primitivo. Aqui, meu amigo, na grandeza da terra e na vastidão dos horizontes, forma-se uma raça nova e uma atuação transcendente se verificará, em época não distante, na reconstrução geral do mundo.

A Europa, embriagada de violência e de sangue, sucumbe ao peso de crimes seculares na tabela expiatória dos grandes sofrimentos coletivos. O orgulho de raça, a vaidade da tecnocracia, a defecção no terreno espiritual transformam o Velho Mundo em palco sanguinolento de chamas dolorosas que só Deus sabe quando terminarão. A ciência perversa une-se à decadência intelectual e o morticínio prossegue, em surtos insofreáveis, disseminando ruínas, estabelecendo a miséria e agravando devastações. O homem do século XX esconde-se por trás das muralhas dos livros para assassinar o direito, disfarça-se nos excessos intelectualistas para desorganizar a paz.

Urgia defender o Brasil contra o arrasamento. Tornara-se indispensável restaurar o princípio da autoridade para nos conservarmos isentos das terríveis catástrofes. Precisávamos visão. Não era a morte dos conceitos liberais, mas a regeneração da ordem. Não se tratava do esquecimento aos valores democráticos, mas de afeiçoar a administração ao regime centrípeta do sistema federativo. A anarquia ameaçava-nos, a decadência europeia atingia-nos fundo no capítulo das ideologias excêntricas. Era um patrimônio secular que entremostrava esfacelamento – necessidades político-administrativas que nem todos os nossos se encontram na posição de compreender.

Mas a sua capacidade de recepção favoreceu aos que velam pelos nossos tesouros de realização de uma vida maior.

Sua inteligência, aclarada ao sopro de quantos contribuem espiritualmente pelo Brasil eterno, percebeu a tempestade ao lado de quem recebera a missão máxima no terreno político dentro da hora que passa, e conseguimos o ressurgimento das esperanças justas.

Não era o regresso ao patriarcado, mas o entendimento de nossa própria situação mesológica e de nossos próprios ideais que necessitam ser cunhados em metal brasileiro de realizações legítimas. Não era o totalitarismo, mas o restabelecimento da ordem, não era a extinção da democracia, mas a sua organização justa em país muito diferente daqueles que se vitalizaram com as tradições anglo-saxônicas.

E temos, de pé, o grande trabalho. Sabemos quanto lhe há custado a vida pública em sacrifícios pessoais e sofrimentos íntimos. O verdadeiro apóstolo, entretanto, segue o clarão do seu ideal e isso basta.

Lembre que ao seu lado numerosos amigos do plano espiritual cooperam com desvelo pelo total desempenho de suas nobres obrigações.

Os missionários não são somente aqueles que se restrinjam a cogitações de natureza religiosa. Existem igualmente para Deus na esfera do bem público, onde, muitas vezes, o devotamento máximo colhe pedradas e ingratidão.

Zele o patrimônio da saúde física, prossiga destemeroso em seu apostolado político e continue o trabalho iniciado para a luz do futuro infinito.

O Brasil tem a sua missão particular no quadro da evolução humana e deve contar com o sacrifício de seus filhos mais dignos e mais operosos.

Não importa que seu coração sinta dificuldade para identificar as palavras de um conterrâneo que a morte, desde muito, arrebatou para seu misterioso país. De qualquer modo, fica-me a satisfação de haver atendido aos meus desejos mais íntimos, cumprindo um dever que me é grato ao coração.

Continuemos trabalhando. O céu não se encontra ainda sem nuvens e o campo não está integralmente restaurado, não obstante a grandeza da semeadura. Os perigos ainda surgem de todos os lados. A nação precisa energias conscientes na hora grave, de pulsos firmes que contribuam na segurança da rota.

Creio haver dito quanto desejava com meu espírito de brasileiro e de amigo de sempre.

Que a Providência Divina nos guarde para desempenho de nossos destinos elevados, são os votos sinceros que formulo de alma confiante e otimista,[2]

Affonso Celso de Assis Figueiredo

Reformador | Junho de 1980

---

[2] Consta do original, junto do nome da entidade, a seguinte informação: *"Pedro Leopoldo, 1943"*.

MENSAGEM A LUIS GUERRERO OVALLE

Ovalle, amigo,

Diante de nós é a paisagem tumultuada. O mundo em transição.

De um lado, a ausência de amor nos corações e, de outro, as ideologias envenenadas conturbando o espírito e ameaçando-lhe as construções milenárias.

A abundância de recursos materiais não soluciona o problema, de vez que a fortuna raras vezes é manejada pelo homem a serviço da alma, enquanto a Ciência, na exaltação de cultura exclusiva do cérebro em que se desvaira, não consegue penetrar a esfera do sentimento em proveito da criatura imortal para quase se deter, tão-só, no campo de transitória dominação.

Entre as calamidades morais que pesam sobre a fronte do planeta, encontramos no Espiritismo, em sua expressão de Evangelho restaurado por Allan Kardec, a luz capaz de clarear o caminho e dissipar as trevas.

Exumar o Cristo de Deus e associá-lo à nossa vida na Terra, tanto quanto desentranhar o nosso próprio coração do labirinto de enganos em que nos desgovernamos, há séculos, para reuni-lo ao Cristo de Deus, é a nossa tarefa primordial na Doutrina Espírita, que nos solicita trabalho e consagração.

Em toda parte, surpreendemos a multidão à espera da Boa Nova restaurada, com fome de paz e sede de esperança.

Não se trata de um movimento de fé enquistada na interpretação dogmática, em matéria de religião. Temos à frente a sementeira da fé viva e da religião dinâmica da sabedoria e do amor, cujo templo se erige em cada consciência e cujo serviço de veneração a Deus se estende de cada um de nós em favor dos semelhantes.

Kardec, sem dúvida, em nome do Senhor, descerrou a estrada libertadora e edificante que nos cabe trilhar. E, de nossa parte, urge explicar-lhe os conceitos, ampliar-lhe as tarefas, adubar-lhe a lavoura da verdade e abraçar-lhe o apostolado de regeneração com todas as nossas forças. Se é justo que a Doutrina Espírita exija a presença dos heróis da caridade sarando corpos enfermos, vestindo os nus, albergando os desamparados e recolhendo os pequeninos sem teto, não nos será lícito esquecer a necessidade dos artífices da palavra e do pensamento, capazes de burilar as ideias novas com vistas ao esclarecimento popular.

Dar pão que recupere as forças físicas em processo de exaustão, mas oferecer o pão espiritual que revivifique a alma estirada na indisciplina ou na ilusão, em revolta ou desalento.

Divulgar o Espiritismo na atualidade da Terra é tão importante quanto fazer luz para arredar o poder da noite.

Em nome, pois, de muitos companheiros que delegam ao servidor humilde que somos a distribuição de falar-lhe diretamente ao coração de seareiro da verdade, concitamos o querido amigo ao prosseguimento de sua obra, notadamente no campo da língua hispânica, que abrange extensa família de povos na família dos povos da humanidade.

Trabalhar, sim, meu amigo. Aperfeiçoar a frase e revesti-la de luz. Cunhar o texto construtivo com o material das realidades da vida e apresentá-lo no veículo do amor que salve e levante, construa e recupere corações.

Abrir clareiras na selva das sombras que se agigantam, organizando sendas novas de libertação e reconforto, que outros pavimentarão, mais tarde, para o intercâmbio perfeito entre o futuro e a verdade espiritual que lhe comandará os destinos.

Apontar o rumo certo às gerações vindouras e criar, com a força do verbo, o caminho adequado que conduza os homens de hoje para as vitórias de amanhã.

Usar a palavra e santificá-la, seja na tribuna, ou na pena, junto das multidões ou na intimidade dos simpósios, proclamando os conhecimentos superiores da imortalidade do ser, da justiça na reencarnação, dos princípios de causa e efeito, dos imperativos da solidariedade universal, da necessidade do aprimoramento íntimo, do poder do trabalho, da alavanca renovadora do bem e do triunfo sobre a morte, a fim de que o homem se reconheça herdeiro de Deus, com todas as possibilidades dos filhos de Deus, na Terra, quanto em outras pátrias do reino cósmico, em plenitude de eternidade.

Sigamos à frente, oferecendo o melhor de nós mesmos à grande causa da humanidade. Esquecer injúrias, recordar bênçãos. Desculpar a incompreensão e cultivar o entendimento. Cobrir a discórdia com o bálsamo da oração e refazer o plantio da paz, seja onde for. Nunca inventariar deserções e desapontamentos, e entesourar confiança e otimismo na convicção de que todos somos irmãos a caminho do regozijo final, guardando cada um de nós uma visão provisória da vida, conforme o degrau em que nos coloquemos na sublime escalada. Nunca recuar, mas avançar sempre. Chorar, por vezes, porque a lágrima é suor do coração em testemunho de fé purificadora, mas nunca desanimar ou aderir às perturbações que, frequentemente, nos convidam à queixa e ao desequilíbrio à margem da senda que se nos abre às realizações.

Saudamos, em sua presença e na presença da companheira que lhe partilha a obra de amor e verdade, a presença de irmãos que retornam ao próprio lar. Com o lume da alegria e da confiança, nós, os companheiros desencarnados, dos que lhes recebem a carinhosa visita, temos constantemente de repetir-lhes no abraço jubiloso: "Irmãos queridos, em todo tempo estaremos reunidos no domicílio de nossas aspirações, compartilhando a mesma tarefa, na mesma vibração de fraternidade e de esperança".

Entreguemo-nos ao trabalho do bem na segurança interior de nossa fé. Ofereçamos ao Senhor o melhor de nossas vidas e estejamos seguros de que o Senhor jamais nos relegará para fora de sua bênção.

Irmãos queridos, caminhemos de corações entrelaçados na subida áspera e luminosa em direção aos objetivos supremos dos nossos ideais, e que Deus nos inspire, esclareça, guarde e abençoe.

Emmanuel

Reformador | Setembro de 1980

FALANDO AO BRASIL

Fim do milênio. Anoitece.
No fulvo céu do Oriente,
A sombra avança envolvente,
Surgem sinistros bulcões;
No alto, lampejam raios,
O ódio se descortina,
Lembrando cinza e ruína,
Tumultos... Gritos... Canhões...

Permanece o grande embate:
O direito e a força bruta.
É Sócrates e a cicuta,
Jesus ante Barrabás...
Desde a Suméria distante,
De Ur ao fulgor do Egito,
O mundo rola em conflito,
Ganha a guerra e perde a paz.

Agora, porém, na Terra
Sem a fé age a Ciência
Nas grimpas da inteligência
E apoia o estranho festim;
O cérebro – águia cativa,
Obedecendo ao mais forte
Exalta o poder da morte
E aperfeiçoa Caim.

No parque dos armamentos,
Bombas de vários matizes
Querem lauréis infelizes
Em máquinas de terror;
Rente ao fogo que dormita,
Escuta-se, a cada hora,
A humanidade que chora
Perante o abismo a transpor.

Por isso, Brasil, enquanto
Nas urzes do sofrimento
Sopra o ciclone violento,
Temor e desolação
Levanta o próprio futuro
No trio que te ilumina:
Justiça, escola e oficina
Burilando o coração.

Falando aos nossos amigos,
Ante a grandeza que estampas,
Vozes suplicam das campas
Na bênção do eterno Pai:
– Bravos filhos do Cruzeiro,
O tempo não nos espera.
Ante o sol da Nova Era,
Uni-vos e trabalhai!

Recordemos a epopeia
Dos antigos bandeirantes,
Conquistadores gigantes,
Plantando o país no chão,
E os nobres inconfidentes
Atormentados, em bando,
Mortos-vivos, mas buscando
A paz da libertação.

Ide e criai vida nova
Onde o atrito sobrenade,
Mantendo a fraternidade
Que o vosso gênio produz,
Dizendo a todos os povos,
Na luz que se vos descerra,
Que, em qualquer luta, na Terra
O vencedor é Jesus.[3]

Castro Alves

Reformador | Maio de 1982

[3] Segundo consta do original, o poema foi recebido no Centro Espírita União (CEU), em São Paulo, capital, em 14/10/1981. Nessa mesma reunião festiva, na sede do CEU, onde Chico Xavier lançara dois novos livros, por iniciativa de sua tia-avó Nair Machado Paschoal, Geraldo Lemos Neto, editor da Vinha de Luz Editora, teve a imensa alegria de trabalhar no evento e, ao final, pôde abraçar Chico Xavier pela primeira vez nesta existência, num reencontro inesquecível aos seus corações.

SOBRE O CARNAVAL

Nenhum espírito equilibrado em face do bom senso que deve presidir a existência das criaturas pode fazer a apologia da loucura generalizada que adormece as consciências nas festas carnavalescas. É lamentável que na época atual, quando os conhecimentos novos felicitam a mentalidade humana, fornecendo-lhe a chave maravilhosa dos seus elevados destinos, descerrando-lhes as belezas e os objetivos sagrados da vida, se verifiquem excessos dessa natureza entre as sociedades que se pavoneiam com os títulos da civilização. Enquanto os trabalhos e as dores abençoadas, geralmente incompreendidos pelos homens, lhes burilam o caráter e os sentimentos, prodigalizando-lhes os benefícios inapreciáveis do progresso espiritual, a licenciosidade desses dias prejudiciais opera, nas almas indecisas e necessitadas do amparo moral dos outros espíritos mais esclarecidos, a revivescência de animalidades que só os longos aprendizados fazem desaparecer.

Há nesses momentos de indisciplina sentimental o largo acesso das forças da treva nos corações e, às vezes, toda uma existência não basta para realizar os reparos precisos de uma hora de insânia e de esquecimento do dever.

É estranho que as administrações e elementos de governos colaborem para que se intensifique a longa série de lastimáveis desvios de espíritos fracos, cujo caráter ainda aguarda o toque miraculoso da dor para aprender as grandes verdades da vida.

Enquanto há miseráveis que estendem as mãos súplices, cheios de necessidades e de fome, sobram as fartas contribuições para que os salões se enfeitem e se intensifique o olvido de obrigações sagradas por parte das almas cuja evolução depende do cumprimento austero dos deveres sociais e divinos.

Ação altamente meritória seria a de empregar todas as verbas consumidas em semelhantes festejos na assistência social aos necessitados de um pão e de um carinho. Ao lado dos mascarados da pseudoalegria, passam os leprosos, os cegos, as crianças abandonadas, as mães aflitas e sofredoras. Por que protelar essa ação necessária das forças conjuntas dos que se preocupam com os problemas nobres da vida, a fim de que se transforme o supérfluo na migalha abençoada de pão e de carinho que será a esperança dos que choram e sofrem? Que os nossos irmãos espíritas compreendam semelhantes objetivos de nossas despretensiosas opiniões, colaborando conosco dentro de suas possibilidades para que possamos reconstruir e reedificar os costumes para o bem de todas as almas.

É incontestável que a sociedade pode, com o seu livre-arbítrio coletivo, exibir superfluidades e luxos nababescos, mas enquanto houver um mendigo abandonado junto de seu fastígio e de sua grandeza ela só poderá fornecer com isso um eloquente atestado de sua miséria moral.[4]

Emmanuel

Reformador | Fevereiro de 1987

[4] Mensagem psicografada em julho de 1939. Posteriormente, foi encartada na *Revista Internacional de Espiritismo*, da Editora O Clarim, em sua edição de janeiro de 2001, p. 565-566.

MÃE

Nunca te esqueço os dedos de veludo,
Quando me carregavas no regaço...
Caí da imensidão azul do Espaço
Qual pássaro da noite, triste e mudo.

Cresci... Estás em tudo quanto faço...
No entanto abandonei o lar, o estudo,
Até que do prazer me desiludo
Arrasado de tédio e de cansaço.

Onde a estrela sublime do Universo,
Em que sintas a dor que há no meu verso?
Vem a mim, alma linda! Vence a bruma!

Quanto amor temos nós, no mundo inquieto,
Desde a ligeira estima ao grande afeto?
Mãe, porém, ante Deus, só tem uma![5]

Antônio Barros

Reformador | Maio de 1989

[5] Segundo consta do original, o soneto foi recebido em reunião pública da noite de 07/02/1988, no Grupo Espírita da Prece, em Uberaba, Minas Gerais.

AOS ESTUDIOSOS

Treva e desolação. Angústia e guerra.
Eis a penosa e amarga resultante
Da civilização agonizante
Dos milênios de lágrimas da Terra!

Sempre o homem de lodo que se aferra
Ao instinto feroz e repugnante...
O bem escarnecido e o mal triunfante
Numa visão de lágrimas que aterra...

Vós que estudais a fonte do destino,
Vivei na luz do Espírito Divino
Sob os bens da razão iluminada!

Nos enganos misérrimos da Ciência
Encontrareis somente a decadência
Dos castelos fantásticos do Nada!

Augusto dos Anjos

Reformador | Agosto de 1989

Chico Xavier nos anos 90, em Uberaba, Minas Gerais.

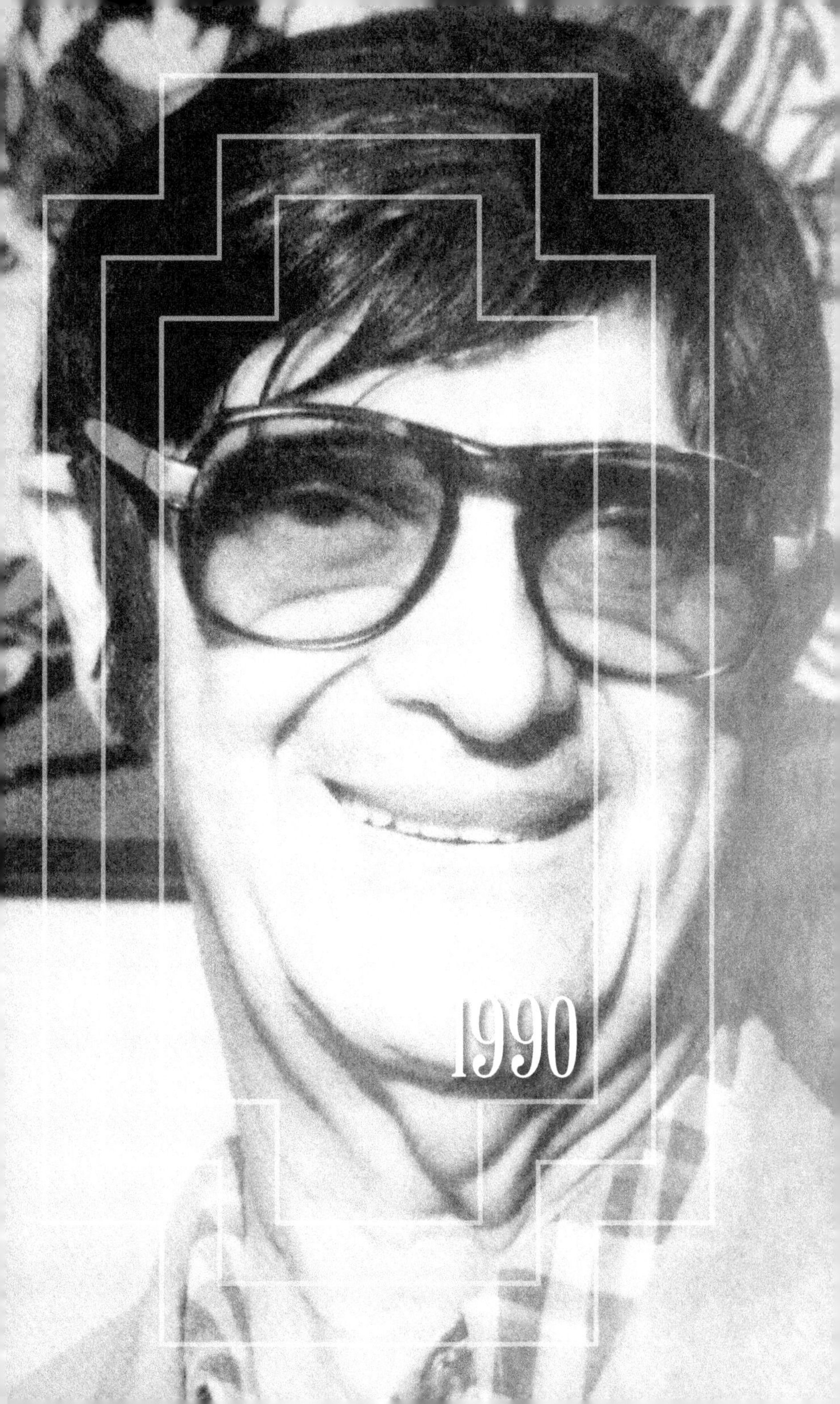
1990

MENSAGEM

Com o Evangelho, acenderemos nova luz na consciência coletiva, cooperando na missão redentora de que o Brasil se acha investido na revivescência do Cristianismo restaurado. Com o Esperanto, abrimos novo caminho de fraternidade real entre almas e povos para que o pensamento cristão consolide as suas diretrizes salvadoras nos mais variados setores do mundo, preparando o futuro milênio em bases mais justas de compreensão e solidariedade efetivas. E com o Espiritismo descerraremos novos horizontes à visão geral para que o entendimento sadio prevaleça na mentalidade terrestre, em todas as fases evolutivas, inclinando as criaturas à dignidade humana e ao conhecimento substancial da justiça que determina seja concedido a cada um de acordo com as suas obras.

Abel Gomes

Reformador | Março de 1995

SAUDADE

À minha mãe.

Quantas cidades vi! Pelas estradas,
Pensava em ti, de caminho em caminho!
Ansiava chegar ao nosso ninho
Para beijar-te, enfim, as mãos cansadas...

Voltava ao nosso sítio sem vizinho,
Onde fazia as minhas traquinadas,
Sem esquecer-te as preces de carinho,
Que tenho na memória resguardadas.

Tudo passou... O tempo corre e avança.
Apenas teu amor me domina a lembrança...
Teus canteiros de flores, onde estão?

Vives no alto Além... Estás, porém, comigo!
Quero rever-te em nosso lar antigo
Na saudade sem fim do coração![1]

Antônio Serra

Reformador | Novembro de 1999

[1] Segundo consta do original, o soneto foi recebido por Chico através da mediunidade auditiva, em culto do Evangelho em sua própria residência na cidade de Uberaba, Minas Gerais, na noite de 06/03/1997. Transcrito de O Clarim, edição de 15/05/1997.

2000

Chico Xavier nos anos 2000, em Uberaba, Minas Gerais.

NOVA LUZ

Uma nova luz veio à Terra,
Luz sagrada do Deus santo!
Dissipa-se completamente o mistério
Sob a força do Evangelho.

Agora as portas brônzeas do cárcere
Em que se encerra a sombra da ignorância
Caem fragorosamente... Resta apenas pó...
Para longe a treva! Tudo se aclara!

Ganha vida nova a palavra
Do eterno Mestre pela força
Da florescente língua Esperanto.

Todos os povos verão com clareza,
Agradecerão ao bom Deus e, em massa,
Se reunirão para entoar um novo canto!

Abel Gomes

Reformador | Abril de 2009

REFERÊNCIAS BIBLIOGRÁFICAS

ALVES, O. A. F. (*alonso.otavio@gmail.com*) *Parnaso de Além-Túmulo - Apreciação de Humberto de Campos* [mensagem pessoal]. Mensagem recebida por ivanir.severino@gmail.com; lemosneto@gmail.com em 09 jul. 2017.

BÍBLIA SAGRADA. N. T. João, 4. *[s.d.t.]*.

BÍBLIA SAGRADA. N. T. Mateus, 5. *[s.d.t.]*.

BÍBLIA SAGRADA. N. T. Tiago, 3. *[s.d.t.]*.

BÍBLIA SAGRADA. N. T. Efésios, 6. *[s.d.t.]*.

HARLEY, Jhon. *Nas trilhas da garça* – Chico Xavier nas Minas Gerais. Belo Horizonte: Vinha de Luz Editora, 2016.

LEÃO, Geraldo; LEMOS NETO, Geraldo (Orgs.). *Pedro Leopoldo vista por Chico Xavier* – 49 anos da presença do maior médium de todos os tempos | 1910-1959. Belo Horizonte: Vinha de Luz, 2011.

LEMOS NETO, Geraldo. *Acervo fotográfico da Casa de Chico Xavier*. Pedro Leopoldo: 2017, Rua Pedro José da Silva, 67.

LEMOS NETO, Geraldo (Org.). *Chico Xavier* – Mandato de amor. Ditado por espíritos diversos. 6. ed. Belo Horizonte: União Espírita Mineira, 2010.

REFORMADOR. Rio de Janeiro: FEB, nov. 1939. *[s.d.t.]*

REFORMADOR. Rio de Janeiro: FEB, jul. 1950. *[s.d.t.]*

REFORMADOR. Rio de Janeiro: FEB, fev.-ago. 1951. *[s.d.t.]*

REFORMADOR. Rio de Janeiro: FEB, ago. 1952. *[s.d.t.]*

REFORMADOR. Rio de Janeiro: FEB, jan.-jul.-set.-nov. 1953. *[s.d.t.]*

REFORMADOR. Rio de Janeiro: FEB, dez. 1955. *[s.d.t.]*

REFORMADOR. Rio de Janeiro: FEB, jan.-fev.-mai.-nov. 1956. *[s.d.t.]*

REFORMADOR. Rio de Janeiro: FEB, fev.-abr.-ago. 1957. *[s.d.t.]*

REFORMADOR. Rio de Janeiro: FEB, jan.-abr.-set. 1958. *[s.d.t.]*

REFORMADOR. Rio de Janeiro: FEB, jun. 1959. *[s.d.t.]*

REFORMADOR. Rio de Janeiro: FEB, abr. 1961. *[s.d.t.]*

REFORMADOR. Rio de Janeiro: FEB, jun. 1962. *[s.d.t.]*

REFORMADOR. Rio de Janeiro: FEB, jan.-ago.-dez. 1965. *[s.d.t.]*

REFORMADOR. Rio de Janeiro: FEB, jul.-out.-dez. 1966. *[s.d.t.]*

REFORMADOR. Rio de Janeiro: FEB, jul. 1967. *[s.d.t.]*

REFORMADOR. Rio de Janeiro: FEB, jan.-abr.-mai.-nov. 1968. *[s.d.t.]*

REFORMADOR. Rio de Janeiro: FEB, abr.-set.-nov. 1969. *[s.d.t.]*

REFORMADOR. Rio de Janeiro: FEB, fev. 1971. *[s.d.t.]*

REFORMADOR. Rio de Janeiro: FEB, jan.-abr.-out. 1972. *[s.d.t.]*

REFORMADOR. Rio de Janeiro: FEB, fev. 1973. *[s.d.t.]*

REFORMADOR. Rio de Janeiro: FEB, fev.-mar.-abr.-jun. 1974. *[s.d.t.]*

REFORMADOR. Rio de Janeiro: FEB, mar.-mai.-out. 1975. *[s.d.t.]*

REFORMADOR. Rio de Janeiro: FEB, mar.-jul.-ago-set.-nov. 1976. *[s.d.t.]*

REFORMADOR. Rio de Janeiro: FEB, jan.-fev.-mar. 1977. *[s.d.t.]*

REFORMADOR. Rio de Janeiro: FEB, fev.-mai.-ago. 1978. *[s.d.t.]*

REFORMADOR. Rio de Janeiro: FEB, jun.-set. 1980. *[s.d.t.]*

REFORMADOR. Rio de Janeiro: FEB, mai. 1982. *[s.d.t.]*

REFORMADOR. Rio de Janeiro: FEB, fev. 1987. *[s.d.t.]*

REFORMADOR. Rio de Janeiro: FEB, mai.-ago. 1989. *[s.d.t.]*

REFORMADOR. Rio de Janeiro: FEB, mar. 1995. *[s.d.t.]*

REFORMADOR. Rio de Janeiro: FEB, nov. 1999. *[s.d.t.]*

REFORMADOR. Rio de Janeiro: FEB, abr. 2009. *[s.d.t.]*

XAVIER, Francisco Cândido; JOVIANO, Wanda Amorim (Org.). *Militares no além*. Ditado por espíritos diversos. 2. ed. Belo Horizonte: Vinha de Luz, 2009.

XAVIER, Francisco Cândido; LEMOS NETO, Geraldo; JOVIANO, Wanda Amorim (Orgs.). *Depois da travessia*. Ditado por espíritos diversos. Votuporanga: Didier/Vinha de Luz, 2013.

XAVIER, Francisco Cândido; SANTOS, Eugênio Eustáquio (Org.). *Registros imortais*. Ditado por espíritos diversos. Belo Horizonte: Vinha de Luz, 2013.

XAVIER, Francisco Cândido; WEGUELIN, João Marcos (Org.). *Palavras sublimes*. Ditado por espíritos diversos. Belo Horizonte: Vinha de Luz, 2014.

Anexo A

Artigos de Humberto de Campos

DIÁRIO CARIOCA | 10 e 12 DE JULHO DE 1932

Diario Carioca

Fundador: J. E. DE MACEDO SOARES

Anno V — Numero 1.204 | Rio de Janeiro, Domingo, 10 de Julho de [illegible] | Praça Tiradentes, n. 77

Violencias contra a imprensa

O recrudescimento dos actos de violencia e brutalidade dos interventores militares contra a imprensa, nas respectivas jurisdicções, emocionou afinal o chefe do Governo Provisorio, que, na reunião do ministerio, hontem verificada no palacio do Cattete, decidiu, tomar providencias para cohibir esses attentados.

Depois dos vandalismos praticados no Rio Grande do Norte e em Alagoas, chegaram noticias de novas façanhas dos interventores no Maranhão e na Bahia.

Evidentemente, o monstruoso assalto ás officinas e redacção do DIARIO CARIOCA e as tenebrosas circumstancias que o rodearam, não são de molde a fortificar a autoridade moral do Governo Provisorio na defesa da liberdade de imprensa, comtudo devemos applaudir a intenção do sr. Getulio Vargas, hontem manifestada, de resalvar os creditos da nossa civilização, restaurando garantias de direito que lhe são inherentes.

Se quizermos estudar a psychologia militar, descobriremos nas suas cordas mais sensiveis, o orgulho e a dominação da autoridade, incompativeis com as liberdades e impertinencias do livre exame. A educação politica, pelo contrario, prepara e predispõe á tolerancia, admittindo a critica como um dos instrumentos indispensaveis da vida politica.

São dogmas da profissão das armas: a obediencia, a submissão, a conformidade com as leis e regulamentos militares. Taes canones não admittem excepções e mesmo na expectativa de uma injustiça clamorosa, o soldado obedece, e cumpre postergando o direito de reclamar.

Sem duvida, a intranquillidade do prestigio do commando é a condição da sua força moral. Por isso mesmo, a ethica militar oppõe-se aos interesses e paixões da politica. A tendencia militar é unir, fortalecendo, o espirito de synthese, emquanto a vocação da politica é a furia das facções na implacabilidade das analyses.

De tudo resulta que o interesse publico se manifesta no militar e no civil como as faces oppostas da mesma moeda; corôa é a submissão e o silencio militar, face a irreverencia e a discussão politica.

O absurdo, o incongruente, o phenomenal é a transposição do prejuizo militar nas franquias e liberdades politicas. O que na orbita estreita do militarismo é virtude, passa á violencia e vandalismo praticado no campo fechado dos direitos civis. Eis ahi a experiencia de absurdos que o sr. Getulio Vargas obstinadamente repete. O governo provisorio teima em regular a vida civil nos moldes rigidos da violencia e em anarchizar a vida militar nos moldes frouxos da indecisão e da indisciplina. Em resumo, a politica do sr. Getulio Vargas consiste em pôr as gallinhas no acquario, os peixes no gallinheiro.

Esses erros visiveis e palpaveis, cujas terriveis consequencias conduziram a segunda Republica a um beco sem saida, comportam com coragem e intelligencia uma corrigenda efficaz.

Do que se trata em primeiro logar é de distinguir para ordenar. Em seguida é de fortalecer a autoridade do proprio chefe do Governo Provisorio pelo unico methodo conhecido nas democracias conscientes: a perfeita conformidade com as opiniões e sentimentos nacionaes.

Toda vez que o governo obedece ás injuncções populares, accresce e fortifica os seus poderes politicos. Quando as contraria, pela violencia, se enfraquece e anniquila na inutilidade do esforço.

O sr. Getulio Vargas commettendo o erro de propagar a infecção militarista na politica, não podia abrir mão das responsabilidades que dahi lhe decorrem.

Se tiver consequencias efficazes, a deliberação ditatorial de hontem, no sentido de cohibir os abusos dos interventores contra os direitos da imprensa, assistiremos o espectaculo inédito na ditadura: o seu chefe, tendo mão dos excessos de seus collaboradores na defesa da propria autoridade. E o que o paiz reclama vehementemente do sr. Getulio Vargas é que governe por si, com toda autoridade sem partilhar responsabilidades.

J. E. DE MACEDO SOARES

A barafunda politica

REINA "PAZ" EM TODOS OS SECTORES — O SR. MAURICIO CARDOSO ESCOLHIDO PARA SUBSTITUIR O SR. SYNVAL SALDANHA — DECLARAÇÕES DO SR. MARIO BRANT — UMA REUNIÃO NO PALACIO DA LIBERDADE

A politica nacional nada nos deu de novo, nessas ultimas 24 horas. O ambiente geral continua a ser o de absoluta confiança nacional, na acção conjun-

Sr. Mauricio Cardoso

ta dos partidos das frentes unidas do Rio Grande, São Paulo e Minas. Os telegrammas do sul annunciam que, nestes dias, será incentivada, com ardor, a campanha constitucionalista, que marcará, sem duvida, uma das phases mais empolgantes do actual periodo revolucionario.

A pasta da Justiça está vaga. E continuará vaga, até quando? Será possivel que o chefe do Governo não se resolva a pôr no Monroe um homem capaz de desempenhar as funcções vinculadas áquella pasta? Estará o dictador á espera de que o Rio Grande reinicie negociações comsigo, depois das declarações formaes dos seus chefes?

Fala-se muita coisa. O que, porém, é certo é que, difficilmente, encontrará o sr. Getulio Vargas, neste immenso Brasil, um homem de responsabilidade que se submetta ao sacrificio de ser ministro da Justiça no seu governo.

O sr. Mario Brant — figura das mais autorizadas da politica mineira — disse, em entrevista, que os entendimentos não serão mais reencetados. E, falando sobre a constituinte, o politico mineiro disse que se o sr. Getulio Vargas não se esforçar para convocal-a, no tempo marcado, "será peor para elle, visto ter que lutar com difficuldades innumeraveis afim de manter a dictadura".

A expressão é symptomatica — "Peor para elle"...

Um telegramma de Itajahy para o sr. João Neves

O grito de alarme que as frentes unidas do Rio Grande e São Paulo soltaram, em favor da campanha constitucionalista e contra a intromissão da corrente "extremista" nos actos, os mais simples da Dictadura, teve a mais forte repercussão por todo o paiz.

A bandeira que as agremiações politicas desfraldaram, foi saudada com enthusiasmo e patriotismo, por todas as forças vivas do paiz, por todos os partidos e classes de legitima representação nacional.

Ainda não appareceu, nos jornaes, um protesto contra a attitude galharda das frentes unidas, que pudesse crystallizar uma parcella, digna de apreço da opinião publica.

Para prova disso divulgamos, hontem, um telegramma que o illustre leader gaucho dr. João Neves recebeu de Itajahy, telegramma inexpressivo e cujos signatarios são pessoas destituidas de significação politica e social, absolutamente desconhecidas do paiz e sem o menor prestigio no actual momento politico.

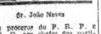

Fizemos aquella publicação, aliás, sem lhe fazermos qualquer commentario, com a intenção e o desejo de que o telegramma fosse lido e divulgado para que se visse quaes os elementos que, até a presente data, se manifestaram contrarios á attitude desassombrada das frentes unidas. O referido despacho é um documento ao qual falta qualquer valor moral e não merece a minima consideração, só recebendo acolhida dos elementos extremistas, pela precaria situação em que se encontra a sua facção, divorciada de todas as classes sociaes e politicas do Brasil, que cada vez mais estão integradas na grande corrente leaderada por São Paulo, Minas e Rio Grande e dos quaes o sr. João Neves é o embaixador legitimo e autorizado.

Reuniu-se o Ministerio, no Cattete

Sob a presidencia do chefe do Governo, reuniu-se, hontem, á tarde, o Ministerio, no Palacio do Cattete. A reunião compareceram os ministros almirante Protogenes Guimarães, general Espirito Santo Cardoso, Oswaldo Aranha, Francisco Campos e Afranio de Mello Franco, nella não tendo tomado parte o titular do Trabalho por estar ausente desta capital, e os encarregados dos expedientes da Agricultura e Viação.

Nos circulos politicos ligava-se, hontem, grande importancia á conferencia ministerial, affirmando-se que ali haviam sido debatidos assumptos de grande relevancia.

No Cattete nada, porém, transpirou, nenhuma nota tendo a Secretaria da Presidencia fornecido aos jornalistas acreditados junto á chefia do Governo Provisorio.

O sr. João Neves vae amanhã a São Paulo

O sr. João Neves deverá seguir amanhã para S. Paulo. Essa viagem do brilhante tribuno liberal não tem, entretanto, fins politicos. O sr. João Neves vae servir de padrinho, com sua exma. esposa, no casamento do dr. Mario de Lima Breeck com a senhorinha Jacy Barcellos, filha do fazendeiro Laurindo Barcellos.

E' natural, porém, que estando na grande capital paulista, onde se demorará por mais de uma semana, o sr. João Neves troque idéas com os politicos da frente unica de S. Paulo, sobre o movimento politico nacional.

O sr. Antonio Carlos ficou em Juiz de Fóra

Foi noticiada a partida do sr. Antonio Carlos, de Bello Horizonte para esta capital.

Entretanto, o illustre politico mineiro interrompeu a viagem em Juiz de Fóra, onde pretende demorar alguns dias, em estação de repouso.

Somente na proxima semana o sr. Antonio Carlos estará aqui, salvo se motivos imperiosos exigirem sua presença antes desse tempo.

Está no Rio o sr. Paulo Nogueira Filho

Pelo trem Cruzeiro do Sul chegou hontem, a esta capital, o dr. Paulo Nogueira Filho, director do Partido Democratico de São Paulo.

Uma importante reunião no Palacio da Liberdade

BELLO HORIZONTE, 9 (A. B.) — Realizou-se, hontem á noite, no palacio da Liberdade, uma importante reunião, sob a presidencia do interventor-presidente Olegario Maciel.

Compareceram a essa tertulia os srs. Gustavo Capanema, Noraldino Lima, Ovidio de Andrade, Alvaro Baptista, Ribeiro Junqueira, Amaro Lanari, David Rabello, Caetano Lopes, Francisco Montandon e Mario Casa Santa, coronel Gabriel Marques, chefe do Estado Maior da Policia Militar e tenente-coronel Octacilio Negrão.

A reunião prolongou-se das 20 ás 23 horas, nada transpirando sobre o assumpto nella debatido.

O sr. Virgilio de Mello Franco chegou a Bello Horizonte

BELLO HORIZONTE, 9 (A. B.) — O sr. Virgilio de Mello Franco chegou hoje, a esta capital, de automovel depois da meia-noite, acompanhado do sr. Dias Fortes.

Os dois proceres dirigiram-se ao Grande Hotel, pondo-se immediatamente em communicação com o sr. Gustavo Capanema.

A "Agencia Brasileira" abordou-o sobre o objectivo de sua

Sr. Mario Brant

viagem, tendo elle negado que trouxesse qualquer missão politica.

A proxima campanha pró-Constituinte

PORTO ALEGRE, 8 (DIARIO CARIOCA) — Annuncia-se o inicio da grande campanha constitucional em todo o paiz, já tendo havido entendimento, dos partidos gauchos com os demais partidos dos Estados.

O sr. Nereu Ramos acaba de chegar aqui, com poderes do Partido Liberal de Santa Catharina, afim de tratar do momentoso e importante assumpto.

O sr. Pedro de Toledo conferenciou com o secretariado sobre o momento politico

S. PAULO, 9 (A. B.) — O sr. Pedro de Toledo não compareceu hontem ao palacio da cidade. A' tarde, porém, o interventor federal reuniu no seu gabinete o secretariado do Estado, com o qual conferenciou longamente.

Ao que pudemos apurar da reunião dos Campos Elyseos, o assumpto versou sobre o momento politico, tendo o governo paulista se mostrado mais uma vez de pleno accordo com a dictadura, relativamente á politica nacional.

O general Andrade Neves vae assumir o commando da 3.ª Região

PORTO ALEGRE, 8 (DIARIO CARIOCA) — Chegou hoje a esta capital o general Andrade Neves. O illustre militar assumirá, na proxima segunda-feira, o commando da 3ª Região.

(Continua na 4ª pag.)

O SR. JOÃO NEVES NÃO É CANDIDATO DOS PROCERES PAULISTAS Á PASTA DA JUSTIÇA

"O RIO GRANDE SE DESINTERESSA INTEIRAMENTE DE QUALQUER ENTENDIMENTO COM O GOVERNO PROVISORIO" — DIZ O "LEADER" GAUCHO

Um despacho procedente de Porto Alegre, com o visivel intuito de espalhar confusão, informa que o nome do sr. João Neves da Fontoura foi lembrado

Sr. João Neves

pelos proceres do P. R. P. e do P. D. aos chefes dos partidos gauchos para candidato das frentes unidas á pasta da Justiça.

Um encontro casual com o sr. João Neves offereceu-nos o ensejo de interpellal-o sobre o assumpto.

Informado do teor do despacho, o "leader" riograndense, sorrindo, declarou-nos:

— O boato é dos mais absurdos. Nem vale a pena desmentil-o. Não me parece, aliás, que recommende muito a intelligencia de quem o inventou, porque é demasiado pueril. Os srs. Borges de Medeiros e Raul Pilla já fixaram com toda a precisão o ponto de vista do Rio Grande e de seus alliados em face da situação politica nacional: a frente unica se desinteressa inteiramente de qualquer entendimento com o Governo Provisorio.

Chamamos a attenção do sr. João Neves para certos detalhes do telegramma, em que se affirma que a iniciativa da indicação partiu dos politicos paulistas.

— Nem na Republica Velha — disse-nos o embaixador das frentes unicas — se registou um boato tão disparatado. Como obra de imaginação é deveras surprehendente. Não comprehendo como possa occorrer a alguem, e muito menos aos proceres paulistas, candidatar a uma pasta ministerial o negociador de um accordo fracassado, que insiste, aliás, em declarar que não lhe pode ser imputado esse fracasso.

A applicação de capitaes no Brasil

UM PROBLEMA QUE PREOCCUPA TODAS AS CLASSES, UNIVERSALMENTE, NO INSTANTE QUE PASSA — UMA SOLUÇÃO INTELLIGENTE E O SEU RAPIDO DESENVOLVIMENTO.

Uma afflicção extranha perturba, neste momento, a humanidade: a applicação do pequeno e do grande capital. Todos os que têm dinheiro a collocar hesitam, titubeiam e meditam longamente qual será a mais segura maneira de fazer render o seu dinheiro sem os percalços e um inesperado prejuizo, de uma imprevista modificação nos valores, de um cataclismo de ordem politica ou social que venha arrebatar, não só o lucro como o proprio capital.

A situação de drassagem é universal.

Os capitaes da velha Europa emigram para os paizes novos, onde os emprehendimentos mais audazes ainda garantem uma optima renda. No nosso meio tambem se faz sentir de maneira bem accentuada as difficuldades para seguras inversões de dinheiro. Os Bancos estão abarrotados de moeda, não fazem negocio, têm caixas superlotadas e estão recusando até aceitar mais depositos mesmo sem juros. Como poderão esses estabelecimentos pagar juros se não movimentam os depositos?

O pequeno capitalista, assim como o grande, hoje se afflige com as incertezas do momento, com a insegurança trazida pelas fluctuações politicas e estado anormal que atravessamos. Buscar, pois, uma solida applicação de capital é o mais cruciante problema.

Os inglezes desde tempos immemoriaes se dedicam á finança e têm dessa sciencia os conhecimentos mais completos. Londres é, como todo o mundo sabe, o pulso da finança mundial, a despeito dos esforços de outras Nações para lhe arrebatar esse predominio. E são os inglezes os criadores dos "trusts", organizações sui-generis que se dedicam ao estudo da applicação de capitaes, encaminhamento das economias do povo, e offerecem garantias as mais solidas.

A Land Investment Trust S. A. é uma Companhia nesse genero.

Ella estuda as inversões de capitaes no Brasil e aconselha os seus clientes com segurança e honestidade.

Neste momento, a Land Investment Trust está abrindo uma Cidade Jardim a Gavelandia, um modelo de engenharia e de gosto artistico, que honra a nossa cidade.

A Gavelandia foi classificada pela Commissão do Plano de Remodelação da Cidade como o mais completo plano urbanistico até hoje feito no Rio.

E' esta a primeira iniciativa da importante Companhia Land Investment Trust no nosso meio. Póde dizer-se que foi de rara felicidade na escolha do local, pois a Gavelandia está situada no mais magestoso scenario da nossa natureza.

Escolhendo o local tão propicio e lançando-se na construcção de uma luxuosa Cidade Jardim modelo, destinada á nossa melhor sociedade, encontrou a Land Investment um decidido apoio das nossas melhores familias, pois logo que foram conhecidos os seus projectos, venderam-se 29 lotes para construcções. Essa extraordinaria procura de lotes na Gavelandia, neste momento de insegurança e depressão commercial se justifica porque a Gavelandia é considerada o mais seguro e mais remunerador emprego de capital no Rio, hoje.

A Land Investment Trust tem seus escriptorios á rua da Assembléa, 59, 1º andar.

POETAS DO OUTRO MUNDO

HUMBERTO DE CAMPOS

Francisco Candido Xavier, é o nome de um moço de origem humilde, nascido em Pedro Leopoldo, Estado de Minas Geraes, em 1910. Após um estagio na escola primaria da sua terra, entrou, como operario o orphão, para uma fabrica de tecidos e, em seguida, para um estabelecimento commercial. E como este mundo não lhe parecesse dos mais amaveis, começou a pensar no outro, adherindo ao espiritismo, com as altas funcções e responsabilidades de "medium".

Lidando nesta vida, com os espiritos mediocres que frequentam a casa de commercio em que trabalha, resolveu Francisco Candido Xavier tornar-se mais exigente no reino das sombras, buscando, nelle, para conversar, intelligencias superiores, homens de letras e, especialmente, poetas, que já haviam passado por este mundo. Nessas [illegible] em que a [illegible] se mantinha em silencio, transmittiam-lhe os seus novos amigos algumas poesias elaboradas depois [illegible] encarnados, e que o joven caixeiro de Pedro Leopoldo ia escrevendo mecanicamente, sem esforço do braço ou da imaginação. Esses espiritos eram, ordinariamente, Guerra Junqueiro, Anthero de Quental, Augusto dos Anjos, Castro Alves, Casimiro de Abreu, João de Deus, Auta de Souza, Pedro II, Souza Caldas, Julio Diniz, Cruz e Souza e Casimiro Cunha, poeta vassourense. A's vezes apparecia, tambem, um anonymo, cuja modestia não desapparecera nem no outro mundo. E cada um delles escrevia o seu soneto, ou a sua poesia, com a penna de Francisco Candido Xavier, o qual, reunindo-as, acaba de publicar o "Parnaso de Alem-Tumulo", editado pela Federação Espirita Brasileira.

O primeiro pensamento que assalta o leitor, antes de examinar o merecimento literario da obra, é a idéa de que, nem no outro mundo, estará livre dos poetas. A poesia é uma predestinação de tal modo fatal, irremediavel, que a victima não se livra dessa maldição nem, mesmo, depois da morte. Quem fez sonetos ou redondilhas neste planeta, está condemnado a fazel-os em todos os pontos do espaço e da eternidade a que o leve o dedo divino. E sem mudar de estylo. E sem variar de themas. E sem modificação de rythmos, de rimas ou de inspiração.

Admittindo essa verdade, a vida literaria no outro mundo deve ser mais variada, embora mais fatigante, do que neste. Lá estarão, ainda, Anchieta, a celebrar a Virgem Maria em lingua tupy; Botelho de Oliveira a cantar no estylo da "Ilha da Maré" e da "Musica do Parnaso"; Claudio Manoel da Costa, escrevendo sonetos classicos; Gonçalves Dias, com a sua lyra romantica; e os parnasianos; e os symbolistas; e os futuristas, que morreram antes do futurismo morrer. A vantagem apresentada por essa reunião de escolas ficará, todavia, compromettida pela eternidade da producção. A superioridade que esta vida apresenta sobre as outras, está, precisamente, no seu caracter transitorio. Quando um individuo, entre nós, dizendo-se bemquisto dos deuses, empunha a lyra, ficamos certos, desde logo, que elle um dia emmudecerá. E é esse consolo que não têm os habitantes do Astral, os quaes se acham condemnados a escutar os maus poetas até a consummação dos seculos.

O Inferno catholico é, nesse particular, mais bem organizado do que os mundos em que o espiritismo colloca os mortos. Quando Dante nelle penetrou, ali encontrou Virgilio, e outros mestres latinos e medievaes. Travou, com elles palestras, sobre a existencia que levaram; e, nenhum lhe recitou versos novos, — facto que prova, e sobejamente, que os Demonios lhes tomaram a lyra, a bem da ordem interna do estabelecimento, no momento da entrada.

O "Parnaso de Além-Tumulo" do sr. Francisco Candido Xavier torna-se, por isso mesmo, interessante para os poetas vivos,

(Continua na 4ª pagina)

A barafunda politica

(Continuação da 1ª pagina).

Causou optima impressão a escolha do nome do sr. Mauricio Cardoso para secretario do interior

PORTO ALEGRE, 9 (DIARIO CARIOCA) — A escolha do sr. Mauricio Cardoso, para succeder o sr. Synval Saldanha, no secretariado do Interior, causou a melhor impressão em todos os meios politicos e sociaes desta capital. A escolha do nome do ex-ministro da Justiça teve a plena approvação dos chefes dos dois partidos da frente unica, srs. Borges de Medeiros e Raul Pilla, [illegible] a confiança e a estima que lhes merece o sr. Mauricio Cardoso.

O sr. Flores da Cunha virá ao Rio, dentro em breve

PORTO ALEGRE, 9 (DIARIO CARIOCA) — O general Flores da Cunha, depois de dar posse ao sr. Mauricio Cardoso, na pasta do Interior, seguirá para Livramento, onde, conforme já fôra noticiado, irá repousar. De volta, [illegible] Mauricio Cardoso, indo então ao Rio, para preparar a grande campanha constitucionalista, que [illegible] em todo o paiz.

A ditadura não perdeu as esperanças...

PORTO ALEGRE, 9 (DIARIO CARIOCA) — A ditadura ainda não perdeu a esperança de [illegible]

[illegible]

Declarações do sr. Mario Brant

BELLO HORIZONTE, 9 (A. B.) — [illegible]

[illegible]

Em torno da reunião do palacio da Liberdade

BELLO HORIZONTE, 9 (A. B.) — [illegible]

[illegible]

Os srs. Flores da Cunha e Borges de Medeiros são os fieis da balança nacional

PORTO ALEGRE, 9 — (A. B.) — [illegible]

[illegible]

A NOITE DE ARTE DE MARIA ALICE

Maria Alice, senhorinha Ogarita Dell'Amico, a menina Zoraide Aranha, o menino Erni de Souza e dois elementos do grupo "Gaturamos"

Guarda ainda o publico o que occorreu na noite de quinta-feira ultima, no Theatro Republica, a impressão linda e inesquecivel da festa organizada em homenagem a Maria Alice, a vencedora do concurso da "A Patria".

E o "cliché" que acima inserimos, vale como uma recordação gratissima das horas de grande enlevo espiritual que constituiu, sem duvida, o recital em honra ao valor artistico de Maria Alice.

Nesse grupo vê-se a applaudida cantadeira de fados, ladeada por Zoraide Aranha, a pequenina declamadora Zoraide Aranha e pelo menino Edir de Souza, uma precocidade de tres annos e a senhorinha Ogarita Dell'Amico, a festejada interprete das nossas canções com os seus acompanhadores.

A mais logica defesa do café

[illegible]

Agora não são mais xadrezes, são salas...

OS XADREZES FORAM EXTINCTOS

A 4ª delegacia auxiliar já não tem mais aquelles famosos xadrezes a que o vulgo chamava geladeira.

A coisa agora melhorou e tanto que em breve muita gente haverá que se empenhe para ser detida.

E que, em vez dos xadrezes horriveis, a 4ª auxiliar dispõe agora — saibam todos — de salas confortaveis onde até lavatorios foram collocados. Isso, sem falar nas cellas bem [illegible], nos altos [illegible], etc., etc.

[illegible]

Centro dos Operarios e Empregados da Light e Cias. Associadas

[illegible]

POETAS DO OUTRO MUNDO...

(Continuação da 1ª pagina).

embora constitua uma terrivel ameaça para os que detestam a linguagem rimada ou rythmada. "Lasciate ogni speranza, voi ch'entrate!" Lá dentro, no reino da Morte, ha poetas, e elles cantam. E cantam como cantavam aqui, sem mudar siquer, da linguagem preciosa que aqui utilizavam. "Muitas vezes, — confessa o "medium" no prefacio da obra, — muitas vezes, ao recebermos uma destas paginas, era necessario recorrermos ao diccionario, para sabermos os respectivos synonimos das palavras nellas empregadas, porque tanto eu como os meus collegas as desconheciamos em nossa ignorancia". Não obstante a mudança de clima, cada um conserva, por lá, as suas virtudes e defeitos literarios.

[illegible]

De contrario, não vale.

[illegible] — H. de C.

O film "Gigantes do Céo" foi exhibido para representantes da Aviação Brasileira

Grupo formado hontem, á tarde, nos escriptorios da Metro-Goldwyn-Mayer após a sessão especial do film "Gigantes do Céo" alli realizada e dedicada aos representantes da Aviação Naval e Militar do Brasil

Hontem, ás tres horas da tarde, no salão de projecções de seus escriptorios á Avenida das Nações n. 247, a Metro-Goldwyn-Mayer realizou uma sessão especial para exhibição do superfilm "Gigantes do Céo", de que são interpretes dois conhecidos artistas: Wallace Beery e Clark Gable. A essa sessão, especialmente dedicada á Aviação Naval e Militar do Brasil, compareceram personalidades de destaque das referidas corporações, entre as quaes as seguintes: coronel Poderbeira [illegible], major Antonio Muniz, major [illegible] Rodrigues, major Ivo Borges, major [illegible], capitão Edgard, capitão Lovel, capitão Carlos Chevalier, tenente [illegible], tenente [illegible] Barbosa, Arthur Cunha, dr. Cesar Brito, dr. Keller, commandante Netto dos Reis, commandante Araujo, além de grande numero de alumnos e instructores de pilotagem.

E escusado dizer que em todos o sensacional film deixou a mais profunda impressão.

AS DIVIDAS DE GUERRA

Uma communicação official dos U.E. U.U.

WASHINGTON, 9 (A. B.) — O governo annunciou, hontem, officialmente, que os Estados Unidos, receberão com alegria quaesquer propostas dos seus devedores europeus no sentido de uma alteração nos accordos das dividas de guerra, mas que, por enquanto, será completamente [illegible] toda e qualquer tentativa de cancellação completa das dividas.

Jogavam ronda e foram presos

As autoridades policiaes de São João de Meriti continuam empenhadas no combate aos [illegible]

[illegible]

MAIS UMA SESSÃO DO TRIBUNAL SUPERIOR DE JUSTIÇA ELEITORAL

FOI CONCEDIDA A DEMISSÃO PEDIDA PELO PRESIDENTE DO TRIBUNAL ELEITORAL DO RIO GRANDE DO SUL

Realizou-se hontem, sob a presidencia do ministro Hermenegildo de Barros, mais uma sessão ordinaria do Superior Tribunal de Justiça Eleitoral.

[illegible]

FOI NEGADA A DEMISSÃO PEDIDA PELO PRESIDENTE DO TRIBUNAL ELEITORAL DO R. G. DO SUL

[illegible]

IDENTIFICAÇÃO E CARTORIOS ELEITORAES

[illegible]

A Justiça Nacional e sua reorganização

REUNIU-SE, HONTEM, PELA PRIMEIRA VEZ, A COMMISSÃO NOMEADA PELO GOVERNO PROVISORIO

No salão das sessões do Palacio Monroe, reuniu-se hontem pela primeira vez, sob a presidencia do ministro Bento de Faria, a commissão nomeada pelo Governo Provisorio, para elaborar a reorganização da Justiça Nacional.

[illegible]

Na Central do Brasil

EM DESVIO ENTREGUE AO TRAFEGO

[illegible]

FOI ELOGIADO

[illegible]

UTILISAÇÃO AUTORIZADA

[illegible]

PASSAGENS POR CONTA DO GOVERNO

[illegible]

CHAMADA PARA CONCURSO

[illegible]

A A. B. I. e as caravanas academicas

[illegible]

Acção julgada procedente

[illegible]

POETAS DO OUTRO MUNDO

Humberto de Campos

Francisco Candido Xavier é o nome de um moço de origem humilde, nascido em Pedro Leopoldo, Estado de Minas Geraes, em 1910. Após um estagio na escola primaria de sua terra, entrou como operário e orphão, para uma fabrica de tecidos e, em seguida, para um estabelecimento commercial. E como este mundo não lhe parecesse dos mais amaveis, começou a pensar no outro, adherindo ao espiritismo, com as altas funcções e responsabilidades de "medium".

Lidando nesta vida, com os espiritos mediocres que frequentam a casa de commercio em que trabalha, resolveu Francisco Candido Xavier tornar-se mais exigente no reino das sombras, buscando, nelle, para conversar, intelligencias superiores, homens de letras e, especialmente, poetas, que já haviam passado por este mundo. Nessas palestras em que a bocca se mantinha em silencio, transmittiam-lhe os seus novos amigos algumas poesias elaboradas depois de desencarnados, e que o jovem caixeiro de Pedro Leopoldo ia escrevendo mecanicamente, sem esforço do braço ou da imaginação. Esses espíritos eram, ordinariamente, Guerra Junqueiro, Anthero do Quental, Augusto dos Anjos, Castro Alves, Casimiro de Abreu, João de Deus, Auta de Souza, Pedro II, Souza Caldas, Julio Diniz, Cruz e Souza e Casimiro Cunha, poeta vassourense. A's vezes apparecia, tambem, um anonymo, cuja modestia não desapparecera nem no outro mundo. E cada um delles escrevia o seu soneto, ou a sua poesia, com a penna de Francisco Candido Xavier, o qual, reunindo-as, acaba de publicar o "Parnaso de Alem-Tumulo", editado pela Federação Espírita Brasileira.

O primeiro pensamento que assalta o leitor, antes de examinar o merecimento literario da obra, é a idéa de que, nem no outro mundo, estará livre dos poetas. A poesia é uma predestinação de tal modo fatal, irremediavel, que a victima não se livra dessa maldição nem mesmo depois da morte. Quem fez sonetos ou redondilhas neste planeta, está condenado a fazel-as em todos os pontos do espaço e da eternidade a que o leve o dedo divino. E sem variar de themas. E sem modificação de rythmos, de rimas ou de inspiração.

Admittindo essa verdade, a vida literaria no outro mundo deve ser mais variada, embora mais fatigante, do que neste. Lá estarão, ainda, Anchieta, a celebrar a Virgem Maria em língua tupy; Botelho de Oliveira a cantar no estylo da "Ilha da Maré" e da "Musica do Parnaso"; Claudio Manoel da Costa, escrevendo sonetos classicos; Gonçalves Dias, com a sua lyra romantica; e os parnasianos; e os symbolistas; e os futuristas, que morreram antes do futurismo morrer. A vantagem apresentada por essa reunião de escolas ficará, todavia, compromettida pela eternidade da producção. A superioridade que esta vida apresenta sobre as outras está, precisamente, no seu caracter transitório. Quando um individuo, entre nós, dizendo-se benquisto dos deuses, empunha a lyra, ficamos certos, desde logo, que elle um dia emmudecerá. E é esse consolo que não têm os habitantes do Astral, os quaes se acham condemnados a escutar os maus poetas até a consummação dos seculos.

O Inferno catholico é, nesse particular, mais bem organizado do que os mundos em que o espiritismo colloca os mortos. Quando Dante nelle penetrou, lá encontrou Virgílio, e outros mestres latinos e medievais. Travou com elles palestras, sobre a existencia que levavam; e nenhum lhe recitou versos novos, – facto que prova, e sobejamente, que os Demonios lhes tomaram a lyra, a bem da ordem interna do estabelecimento, no momento da entrada.

O "Parnaso de Além-Tumulo" do sr. Francisco Candido Xavier torna-se, por isso mesmo, interessante para os poetas vivos

(Continua na 4ª pagina)

POETAS DO OUTRO MUNDO...

(Continuação da 1ª pagina)

embora constitua uma terrivel ameaça para os que detestam a linguagem rimada ou rythmada. "Lasciate ogni speranza, voi ch'entrate!" Lá dentro, no reino da Morte, ha poetas, e elles cantam. E cantam como cantavam aqui, sem omissão, siquer, da linguagem preciosa que aqui utilizavam. "Muitas vezes, – confessa o "medium" no prefacio da obra, – muitas vezes, ao recebermos uma destas paginas, era necessario recorrermos ao diccionario, para sabermos os respectivos synonimos das palavras nellas empregadas, porque tanto eu como meus collegas as desconheciamos em nossa ignorancia". Não obstante a mudança de clima, cada um conserva, por lá, as suas virtudes e defeitos literarios.

Eu faltaria, entretanto, ao dever que me é imposto pela consciencia, se não confessasse que, fazendo versos pela penna do sr. Francisco Candido Xavier, os poetas de que elle é interprete apresentam as mesmas caracteristicas de inspiração e expressão que os identificavam neste planeta. Os themas abordados são os que os preocupavam em vida. O gosto é o mesmo. E o verbo obedece, ordinariamente, a' mesma pauta musical. Frouxo e ingenuo em Casimiro, largo e sonoro em Castro Alves, sarcastico e variado em Junqueiro, funebre e grave em Anthero, philosophico e profundo em Augusto dos Anjos, – sente-se ao ler cada um dos autores que veio do outro mundo para cantar neste instante, a inclinação do sr. Francisco Candido Xavier para escrever "A' la maniére de..." ou para traduzir o que aquelles altos espíritos sopraram ao seu.

Essa identificação será, todavia, objecto de outro artigo. Por enquanto eu quero, apenas, pôr de sobreaviso os poetas vivos contra o perigo que a todos nos ameaça com a idéa que tiveram os mortos de voltar a escrever neste mundo em boa hora abandonado por elles. Se elles voltam a nos fazer concorrencia com os seus versos perante o publico e, sobretudo, perante os editores, dispensando-lhes o pagamento de direitos autoraes, que destino terão os vivos que lutam hoje, com tantas e tão poderosas difficuldades?

Quebre, pois, cada espirito a sua lyra na taboa do caixão em que deixou o corpo. Ou, então, encarne-se outra vez, e venha fazer a concorrencia aqui em cima da terra, com o feijão e o arroz pela hora da vida.

Do contrário, não vale.

Nota – Transmittido por telefone o "post-scriptum" de hontem saiu errado. Eu havia dito que o sr. Humberto de Campos "me pedia" que divulgasse a noticia do apparecimento do seu livro "O Monstro e outros contos". E saiu que esse autor "pediu" a divulgação da noticia. A suppressão do pronome alterou o pensamento de quem ditou a nota. E eu dou esta explicação para fazer a propaganda outra vez. – H. de C.[1]

[1] Transcrito do jornal *Diário Carioca*, edição de 10/07/1932, na grafia da época. Imagens disponíveis em: <http://memoria.bn.br/DocReader/093092_02/8000>. Acesso em: 09 jul. 2017. Informação enviada à Vinha de Luz Editora por Ivanir Severino da Silva, repassada de Otávio Alonso Freire Alves via *e-mail*. No corpo da mensagem, o pesquisador Otávio Alonso comenta: *"Humberto de Campos, ainda encarnado, faz apreciação da obra* Parnaso de Além-Túmulo, *publicada pelo médium Francisco Cândido Xavier na véspera. Seu humor é característico".*

O povo brasileiro — diz o chefe do Governo — não tardará em proferir o seu pronunciamento soberano sobre os actos e a obra da revolução

Nomeada, afinal, a commissão especial para elaborar o ante-projecto da constituição

Diario Carioca

Fundador: J. E. DE MACEDO SOARES

Anno V — Numero 1.205 | Rio de Janeiro, Terça-feira, 12 de Julho de 1932 | ... Tiradentes, n. 77

S. Paulo em armas contra a Ditadura

Como irrompeu o movimento — Constituida uma Junta Governativa na capital paulista — O general Isidoro Dias Lopes commandante em chefe das tropas revolucionarias — O movimento de forças que o governo federal envia para o sul — A partida do general Goes Monteiro — O general Mariante assumirá o commando da 1ª Região — Outras notas

"GRUPOS POPULARES NAS RUAS CENTRAES DO RIO ENTOAM CANÇÕES PATRIOTICAS, COM MANIFESTAÇÕES DE SYMPATHIA AO CHEFE DA NAÇÃO, CLAMANDO PELA PAZ E PELA ORDEM" — DIZ UMA NOTA OFFICIAL ATTRIBUIDA A' SECRETARIA DO PALACIO DO GOVERNO DO E. DO RIO GRANDE

Preciosos documentos subsidiarios para a historia

General Bertholdo Klinger

O movimento revolucionario que explodiu ante-hontem no Estado de São Paulo vem interessando vivamente a po-

rotação carioca. Mão grado os boletins e communicados officiaes, visando tranquillizar os espiritos, a inquietação é geral. E não só a população carioca, mas a Nação inteira acompanha, emocionada, a marcha dos acontecimentos, ... pela prompta terminação da luta, por forma a ... todos os brasileiros.

unidos num só pensamento, verem realizado o seu grande sonho de liberdade, á sombra de leis sabias e bem inspiradas, emanando de um codigo politico que seja bem a expressão dos sentimentos e da vontade do paiz. E tudo indica que não está muito longe essa grande hora.

COMO SE VERIFICOU O MOVIMENTO EM S. PAULO

O movimento na capital de S. Paulo verificou-se, precisamente, ás 21 horas de sabbado, não tendo havido luta.

Reunidos na residencia do sr. Francisco Morato, os revolucionarios dali sairam para o quartel general da Região, onde prenderam o coronel Mendonça Lima, commandante interino da guarnição.

Logo após, foram occupadas as repartições federaes, por forças militares.

Assumiu o commando das tropas revolucionarias o general Isidoro Dias Lopes, que escolheu chefe do seu estado-maior o coronel Euclides de Figueiredo.

O NOVO GOVERNO PAULISTA

Verificando-se o movimento, o sr. Pedro de Toledo renunciou o cargo de interventor.

Em seguida, por acclamação popular, foi eleita uma junta governativa de que fazem parte o sr. Pedro de Toledo, Francisco Morato e general Isidoro Dias Lopes.

A junta negou a demissão collectiva do secretariado, que continua sendo o mesmo organizado pelo embaixador Pedro de Toledo.

A FINALIDADE DO MOVIMENTO

Os revolucionarios de S. Paulo, na proclamação que dirigiram ao povo, affirmam que o lemma do movimento é "Constituição e Justiça".

NOTAVA-SE EM SÃO PAULO UMA GRANDE PREPARAÇÃO SECRETA

S. PAULO, 10 — (A. B.) — Desde muito tempo se vinha fallando na possibilidade de um levante por parte de varios elementos politicos do Estado, bem como alguns militares. Nesse sentido, os elementos revolucionarios de S. Paulo vinham dirigindo constantes appellos ao Governo Provisorio, para que fossem tomadas providencias que appareciam tanto mais urgentes, quanto mais decorria o tempo.

Apesar do ambiente de tranquillidade que era observado em todas as espheras da vida paulista, notava-se uma grande preparação secreta, disfarçada com as organizações de batalhões patrioticos destinados a defender a autonomia de S. Paulo, no caso de tentativa do Governo Revolucionario no sentido de modificar a organização do Governo Paulista.

O caso Klinger veio ainda mais excitar os animos e ... a falar na necessidade de uma solução da situação paulista, por meio de uma formula violenta.

Desde sexta-feira sentia-se que a situação se aggravara a todo instante.

Esperava-se o desfecho do caso paulista, por uma forma imprevista para o Governo.

General Isidoro Dias Lopes

O GENERAL KLINGER TROCARA COMMUNICAÇÕES COM OS ELEMENTOS DA GUARNIÇÃO DE S. PAULO

S. PAULO, 11 (A. B.) — Na cidade falava-se insistentemente numa troca de despachos cifrados entre o general Bertholdo Klinger e varios elementos da guarnição de S. Paulo, bem como o commandante da Força Publica. ... havia captado um radio do general Klinger transmittido no dia do seu levante, e pedira informações perguntando se esse telegramma era verdadeiro ou apocrypho. A esse radio o general Klinger não mais poderia responder porquanto não dispunha mais de elementos de communicação, uma vez que estava fóra do commando da circumscripção.

Mas os despachos trocados entre o coronel Salgado e o general Klinger não foram conhecidos pelo publico.

UMA REUNIÃO NA RUA REGENTE FEIJÓ

S. PAULO, 11 (Do correspondente) — Sob a presidencia do general Isidoro Dias Lopes, reuniram-se ... horas na rua Regente Feijó, 16, elementos destacados da frente unica e officiaes da guarnição federal e da policia do Estado. Nessa reunião foram trocadas idéas sobre o movimento contra o Governo Provisorio.

MANIFESTOS DISTRIBUIDOS AO POVO PAULISTA

S. PAULO, 11 (A. B.) — Os manifestos distribuidos de tarde pelas ruas da cidade, augmentaram e ... Havia sido ... o officio enviado pelo general Bertholdo Klinger ao ministro da Guerra e as folhas ... boletins eram encontradas em ... da cidade.

O GENERAL ISIDORO A' FRENTE DO MOVIMENTO

S. PAULO, 11 (A. B.) — O general Isidoro Dias Lopes assumiu a chefia do movimento contra o governo federal.

O GENERAL MIGUEL COSTA NÃO FOI ENCONTRADO

S. PAULO, 11 (Do correspondente) — O general Miguel Costa, ex-commandante da Força Publica, apesar de procurado insistentemente, não foi encontrado.

PRESOS VARIOS OFFICIAES CONTRARIOS A' REVOLUÇÃO

S. PAULO, 11 (Do correspondente) — Foi preso, ... que fôra cercado, em sua residencia por varias pessoas, para conferenciar com elementos da situação. Na mesma occasião eram effectuadas prisões de outros officiaes que se conservaram fieis á Revolução.

O NOVO GOVERNO DECRETOU FERIADO EM S. PAULO

S. PAULO, 11 (A. B.) — Foi decretado feriado em todo o Estado de São Paulo, por acto emanado do novo governo.

Actos do Governo Provisorio em face do movimento

FECHADOS PELO GOVERNO TODOS OS PORTOS DO LITTORAL DE S. PAULO

O chefe do governo baixou este decreto:

O chefe do Governo Provisorio da Republica dos Estados Unidos do Brasil, attendendo á imperiosa necessidade de restabelecer de prompto a normalidade da vida do paiz, ora perturbada pelo movimento sedicioso verificado na capital do Estado de São Paulo, decreta:

Art. 1º — Até ulterior deliberação ficam fechados todos os portos do littoral do Estado de São Paulo, á navegação quer nacional quer estrangeira.

Art. 2º — Este decreto entrará em vigor a partir de sua publicação, revogadas as disposições em contrario.

Rio de Janeiro, 11 de julho de 1932, 111º da Independencia e 44º da Republica. — (aa) Getulio Vargas, Francisco Campos, Oswaldo Aranha, Protogenes Guimarães.

Em virtude do decreto acima as autoridades maritimas tomaram providencias para que os vapores ... dos portos do ...

(Continúa na 3ª pagina)

Sr. Pedro de Toledo

Sr. Mario Brant

Drs. Lindolfo Collor, Borges de Medeiros, João Neves, Raul Pilla e Baptista Luzardo

COMO CANTAM OS MORTOS...

HUMBERTO DE CAMPOS

O "Parnaso de Além-Tumulo", do sr. Francisco Candido Xavier, ... anterior, ... evitar quaesquer possibilidades de impostura. ... Augusto dos Anjos ...

"Louro, que emerges do apodrecimento,
Alma pobre, esquelético fantasma,
...

Vendo ... Entre as ... "Vae te ... Onde se guarda o fragmento immundo, De todo o esforço que ... Nas ruinas ...

Casimiro de Abreu ... sua lyra, ... primitiva. ...

apenas, de um pulso para outro. ... o poeta das "Primaveras", ...

"Que terno sonho dourado
Das minhas horas fagueiras
No rumorio das palmeiras
Do meu querido Brasil!
A vida era um dia lindo
Num vergel cheio de flores,
Cheio de aroma e esplendores
Sob um céo primaveril.

(Continua na 3ª pag.)

CAPITAL 100 REIS

Diario Carioca

INTERIOR 200 REIS

Anno V — Numero 1.205 | Rio de Janeiro, Terça-feira, 12 de Julho de 1932 | Praça Tiradentes, n. 77

São Paulo em armas contra a Ditadura

DIARIO CARIOCA

Redacção, administração e officinas: PRAÇA TIRADENTES, 77

Director-Presidente
HORACIO G. L. DE CARVALHO JUNIOR

Director-Thesoureiro
J. B. MARTINS GUIMARÃES

Chefe da redacção
VICTOR HUGO ARANHA

EXPEDIENTE

Endereço telegraphico: DIARIO CARIOCA

Telephones: Directoria: 2-2018, Administração: 2-3023, Redacção: 2-1355, Officinas: 2-0904

ASSIGNATURAS

VENDA AVULSA

Capital 100 reis — Interior 200 reis

SUCCURSAL EM S. PAULO

CORRESPONDENCIA:

[illegible]

(Continuação da 1ª pagina).

Os srs. João Neves, Paulo Nogueira e Macedo Soares seguiram para S. Paulo

Os srs. João Neves da Fontoura e Paulo Nogueira Filho, avisados, com antecedencia, de que ia rebentar o movimento, seguiram, ainda no sabbado, á noite, para S. Paulo.

O sr. J. E. de Macedo Soares seguiu hontem, á noite, para a capital paulista, tendo assistido durante o dia as corridas que se realizaram, aqui, no Jockey Club.

O capitão João Alberto passou a chefia da policia

Já adeantado da hora, o capitão João Alberto transmittiu a chefia da policia desta capital ao capitão Dulcidio Cardoso, 1º delegado auxiliar.

O movimento em Minas

CONFERENCIAM LONGAMENTE OS PROCERES MINEIROS

BELLO HORIZONTE, 11 (Do correspondente) — [illegible]

O SR. MARIO BRANT EM GRANDE ACTIVIDADE

BELLO HORIZONTE, 11 (Do correspondente) — [illegible]

O SR. PINHEIRO CHAGAS EM BELLO HORIZONTE

BELLO HORIZONTE, 11 (Do correspondente) — [illegible]

FORAM SUSPENSAS, EM BELLO HORIZONTE, AS TRANSACÇÕES BANCARIAS

BELLO HORIZONTE, 11 (Do correspondente) — [illegible]

Auto-caminhões requisitados a particulares, estacionados na praça Tiradentes, em frente á Inspectoria de Vehiculos

[illegible]

A LIBERDADE DE PENSAMENTO EM MINAS

BELLO HORIZONTE, 11 (Do correspondente) — [illegible]

A A. B. I. em sua acção pela liberdade de imprensa

[illegible]

AGITAÇÕES NA ALLEMANHA

Registraram-se, em varias cidades, sangrentos conflictos

BERLIM, 11 (Havas) — [illegible]

Radio Educadora

O PROGRAMMA ESPECIAL DE HOJE, DAS 14 A'S 15 HORAS

[illegible]

O investigador tinha pressa...

[illegible]

Gymnastica pelo radio, em São Paulo

[illegible]

No Tribunal do Jury

O REO FOI ABSOLVIDO EM SEGUNDO JULGAMENTO

[illegible]

Por desgostos intimos

[illegible]

Nomeados os membros da commissão encarregada de elaborar o ante-projecto da Constituição

O chefe do Governo assignou o seguinte decreto:

O chefe do Governo Provisorio da Republica dos Estados Unidos do Brasil attendendo a que o decreto n. 21.402, de 14 de maio do corrente anno, fixando o dia das eleições á Assembléa Constituinte, determinou a designação de uma commissão para elaborar o ante-projecto da futura Constituição, e obedecendo aos intuitos do art. 2.º do referido decreto:

Resolve designar para membros da commissão encarregada de elaborar o ante-projecto da Constituição Brasileira, nos termos do decreto referido acima, os Srs. Drs. Joaquim Francisco de Assis Brasil, Francisco Luiz da Silva Campos e Antonio Carlos Ribeiro de Andrada, general Augusto Tasso Fragoso, drs. Carlos Maximiliano Pereira dos Santos, Francisco Solano Carneiro da Cunha, João Neves da Fontoura, João Mangabeira, Francisco Cavalcanti Pontes de Miranda, Francisco José de Oliveira Vianna, Francisco Morato e Alceu de Amoroso Lima, almirante Brasil Silvado, drs. João Daudt de Oliveira (Associação Commercial), e Francisco de Oliveira Passos, (Federação das Industrias), D. Bertha Lutz, drs. Nathercia da Silveira, Henrique Stepple Junior (Federação do Trabalho do Districto Federal), José Castro Nunes, Themistocles Brandão Cavalcanti, Astolpho Vieira de Rezende e Victor Vianna.

O flagello da Amazonia

[illegible]

COMO CANTAM OS MORTOS...

(Continuação da 1ª pag.)

[illegible]

PROGRAMMAS DE HOJE:

ALHAMBRA — A Warner First apresenta KAY FRANCIS, DAVID MANNERS — KENNETH THOMPSON em Precisa-se de um homem. O SOLDADO SEDUCTOR. FOX MOVIETONE.

ODEON — Robert Montgomery, MADGE EVANS em AMOR E CORAGEM. O LAITUERO, desenho sonoro. METROTONE NEWS N. 117.

PALACIO — A Metro Goldwyn Mayer apresenta GRETA GARBO, RAMON NOVARRO — LIONEL BARRYMORE — LEWIS STONE, Mata Hari. METROTONE NEWS N. 116.

GLORIA — A Metro Goldwyn Mayer apresenta HELEN HAYES, NEIL HAMILTON E LEWIS STONE em O Peccado de Madelon Claudet. METROTONE NEWS.

PATHE' PALACIO — HOJE. PARAMOUNT apresenta O MILHÃO com ANNABELLA e RENÉ LEFEBVRE. AZAR E PLANO — comedia. NOVIDADES REGIONAES.

PATHE' — Tel. 4-1492. HOJE. FOX apresenta Passaporte amarello com Elissa Landi e Lionel Barrymore. VERRA A TERRA — desenho.

MOULIN BLEU — NO ALTO. VARIEDADES — CHANCHADAS — NU' ARTISTICO. O FRUCTO PROHIBIDO. Genesio Arruda-Tom Bill.

COMO CANTAM OS MORTOS...

Humberto de Campos

O "Parnaso de Além-Tumulo", do sr. Francisco Candido Xavier, cujos objectivos examinei em artigo anterior, merece trato mais grave e demorado. Escutando a voz dos mortos, devemos identifical-a, para evitar quaesquer possibilidades de impostura. Vejamos, pois, como canta, ou escreve, Augusto dos Anjos, pela boca ou pela penna do espírita de Pedro Leopoldo:

"Louco, que emerges de apodrecimentos,
Alma pobre, esqueletico fantama,
Que gastaste a energia do teu plasma
Em combates estereis, famulentos..
"Em teus dias inuteis fôste apenas
Um corvo ou sangue-suga de defuntos,

Vendo sómente a cárie dos conjunctos
Entre as sombras das lagrimas terrenas,
"Vias os teus iguaes, iguaes aos odres
Onde se guarda o fragmento immundo,
De todo o esterco que apavora o mundo
E as ruins exhalações dos corpos podres".

Casimiro de Abreu conserva, nas cordas da sua lyra, feitas possivelmente com os restos dos seus nervos, a ingenuidade primitiva. E offerece-nos, nas rimas posthumas, a prova triste de que, mesmo além da vida, no seio mesmo da morte, as paixões não desapparecem. A saudade da patria é conservada incolume, como se o morto não tivesse mudado de planeta mas, apenas de um paiz para outro. Ouçamos, para exemplo, o poeta das "Primaveras", oitenta e dois annos depois de desencarnado:

"Que terno sonho dourado
Das minhas horas fagueiras
No recanto das palmeiras
Do meu querido Brasil!
A vida era um dia lindo
Num vergel cheio de flores,
Cheio de aroma e esplendores
Sob um céo primaveril.

(Continua na 8ª pag.)

COMO CANTAM OS MORTOS...

(Continuação da 1ª pag.)

"Se a morte anniquilla o corpo
Não anniquilla a lembrança:
Jamais se extingue a esperança
Nunca se extingue o sonhar!
E à minha terra querida,
Recortada de palmeiras
Espero em horas fagueiras
Um dia, poder voltar".

Anthero de Quental continua triste e tragico no outro mundo, e disposto, parece, a suicidar-se de novo, para reapparecer neste. "À Morte" é um dos seus sonetos caracteristicos, exportados com endereço aos seus antigos admiradores e discipulos, por intermedio do "medium" mineiro:

"Ó Morte, eu te adorei, como se fôras
O fim da sinuosa e negra estrada,
Onde habitasse a eterna paz do Nada
Sem agonias desconsoladoras.

"Eras tu a visão idolatrada
Que sorria na dor das minhas horas,
Visão de tristes faces scismadoras,
Nos crepes do silencio amortalhada.

"Busquei-te, eu que trazia a alma já morta,
Escorraçada no padecimento,
Batendo allucionado à tua porta;

"E escancaraste a porta escura e fria,
Por onde penetrei no Soffrimento,
Numa senda mais triste e mais sombria".

A noticia que Anthero nos dá não é, evidentemente, das mais agradáveis. A outra existencia, para elle, não tem sido melhor do que esta. Ou succederá isso em virtude do genero de morte que elle escolheu? O homem que se mata engana, ou tenta enganar a Deus. E o castigo que este lhe inflige, consiste, possivelmente, em fazel-o soffrer no outro mundo os mesmos tormentos que padecia neste. Em synthese: a morte, obtida pelo suicidio, não vale. Só é tomada em consideração aquella que Deus dá, isto é, que sobrevém naturalmente.

D. Pedro II continua, mesmo depois de morto, a fazer maus versos. Ha uma antiga tradição literaria, segundo a qual os melhores sonetos do ex-Imperador eram feitos pelo Barão de Loreto. Admittida essa versão, a conclusão a tirar dos decasyllabos que se vae ler é que os dois andam, agora, por lá, separados. Escutemos o velho monarcha:

"Magnanimo Senhor, que os orbes cria,
Povoando o Universo illimitado,
Que dá pão ao faminto, ao desgraçado,
E ao soffredor os raios da alegria;
"Se, de novo, no mundo, desterrado,
Necessitar viver inda algum dia,
Que eu regresse ditoso ao solo amado
Da generosa patria que eu queria;
"Se é mister retornar a um novo exilio,
Seja o Brasil, lá onde eu desejara
Ter vertido o meu pranto derradeiro.
"Que eu novamente viva sob o brilho
Da mesma luz gloriosa que eu amara,
Na alcandorada terra do Cruzeiro".

Castro Alves continua condoreiro e utilizando as mesmas imagens em que era mestre, na terra:

"É a gotta dagua caindo
No arbusto que vae subindo
Pleno de seiva e verdor;
O fragmento do estrume
Que se transforma em perfume
Na corolla de uma flor.

❖

"É a dor que através dos annos,
Dos algozes, dos tyrannos,
Anjos purissimos faz;
Transformando os Neros rudes
Em arautos de virtudes,
Em mensageiros de paz!"

E Junqueiro, sem mudar de thema ou de rima:

"Na silenciosa paz do cimo do Calvario
Ainda se vê na Cruz o Christo solitario.
"Vinte seculos de dor, de pranto e de agonia
Represam-se no olhar do Filho de Maria".

As poesias de Junqueiro continuam sendo, na outra vida, extensas em demasia. Ficam, por isso, ahi, apenas duas parelhas, para amostra.

O "Parnaso de Além-Tumulo" merece, como se vê, a attenção dos estudiosos, que poderão dizer o que ha nelle, de sobrenatural ou de mystificação. No primeiro caso, o outro mundo deve ser insupportavel, com os poetas que lá se acham. E peor será, ainda, se houver, também, por lá, declamadoras...[2]

[2] Transcrito do jornal *Diário Carioca*, edição de 12/07/1932, na grafia da época. Imagens disponíveis em: <http://memoria.bn.br/DocReader/093092_02/8000>. Acesso em: 09 jul. 2017. Informação enviada à Vinha de Luz Editora por Ivanir Severino da Silva, repassada de Otávio Alonso Freire Alves via *e-mail*.

LEIA
TAMBÉM

Réstia de luz

Primeiro livro editado pela Vinha de Luz Editora, lançado por ocasião do bicentenário de Allan Kardec (1804|2004) e dos 140 anos da primeira edição de *O Evangelho segundo o Espiritismo* (1864|2004). Traz mensagens recebidas de espíritos diversos, psicografadas pelo médium Geraldo Lemos Neto, que interpretam as lições de *O Evangelho segundo o Espiritismo*, nos indicando os caminhos mais certos da vida no permanente convite de nosso Mestre e Senhor Jesus.

Espíritos Diversos
Psicografia de Geraldo Lemos Neto

Ignácio de Antioquia

Uma viagem ao tempo da simplicidade e da pureza do Cristianismo, em sua mais bela e genuína expressão. Obra mediúnica repleta de episódios históricos do Cristianismo primitivo, que resgata para a memória da humanidade a vida e a trajetória de um dos seguidores mais valorosos de nosso Senhor Jesus Cristo.

Pelo Espírito Theophorus
Psicografia de Geraldo Lemos Neto

Sementeira de luz

Voltando à Terra no século XIX, Neio Lúcio encarna a personalidade de Arthur Joviano, cujo núcleo familiar, em missão redentora de um passado longínquo, conta com as presenças de personagens descritos nos romances *50 anos depois* e *Renúncia*. Desprendido em 1934, Neio Lúcio inicia sua comunicação com a família, através da mediunidade de Chico Xavier, em reuniões semanais de culto evangélico na casa de Rômulo Joviano, em Pedro Leopoldo | MG. As mensagens, repletas de sabedoria e amor extremado por todos aqueles com os quais conviveu, são bem a confirmação dos compromissos reparadores que assumimos na Espiritualidade, alicerçados nos ensinamentos de Jesus para nos tornarmos legítimos semeadores da Boa Nova.

Pelo Espírito Neio Lúcio
Psicografia de Francisco Cândido Xavier
Organização de Wanda Amorim Joviano

Deus conosco

Deus conosco é o livro que dá sequência às revelações espirituais inéditas da psicografia de Francisco Cândido Xavier, trazidas a lume pela prestimosa organização de Wanda Amorim Joviano, com a colaboração de Geraldo Lemos Neto. As mensagens, recebidas em sua maioria no culto doméstico do Evangelho no lar da família Joviano, nas décadas de 30 a 50, na Fazenda Modelo, em Pedro Leopoldo | MG, são de autoria de Emmanuel, o espírito responsável pela materialização da extensa bibliografia que tanto esclarecimento e consolação verteram da Vida Maior para a face da Terra, através das abnegadas mãos de Chico Xavier. Deus conosco nos traz de volta ao convívio os memoráveis discípulos do Cristo, ligados desde priscas eras, cuja missão foi a da revivescência do Cristianismo puro e simples dos tempos apostólicos, no coração humilde e generoso das terras pacíficas do Brasil.

Pelo Espírito Emmanuel
Psicografia de Francisco Cândido Xavier
Organização de Wanda Amorim Joviano e Geraldo Lemos Neto

Militares no Além

Dentre os tesouros guardados por Wanda Amorim Joviano, MILITARES NO ALÉM, da lavra de Chico Xavier nos anos de 36 a 52, no mínimo surpreende pela atualidade das mensagens em torno da paz que a humanidade do século XXI tanto anseia. Fruto da sua ingente dedicação no desdobre das tarefas mediúnicas no culto do lar realizado durante muitos anos pelo *Grupo Doméstico Arthur Joviano*, na Fazenda Modelo, em Pedro Leopoldo | MG, esse livro relata, na perspectiva espiritual de muitos servidores da pátria, a realidade consoladora do *outro lado*, onde o trabalho pelo bem não cessa e a esperança é sentimento que inspira a vitória do amor preconizado por Jesus.

Espíritos Diversos
Psicografia de Francisco Cândido Xavier
Organização de Wanda Amorim Joviano

Iluminuras

ILUMINURAS é a primeira publicação de bolso da Vinha de Luz Editora. É composta de pensamentos e frases extraídos do livro *Deus conosco*, do venerável espírito Emmanuel, psicografado por Francisco Cândido Xavier nas décadas de 30 a 50, durante o culto cristão no lar do Dr. Rômulo Joviano, na Fazenda Modelo, em Pedro Leopoldo | MG. A riqueza dos ensinamentos evangélicos apresentados na obra fala por si só e atesta o amparo de nosso Senhor Jesus Cristo à divulgação da Doutrina Espírita, codificada pelo apóstolo Allan Kardec.

Pelo Espírito Emmanuel
Psicografia de Francisco Cândido Xavier
Organização de Cezar Carneiro de Souza

Sementeira de paz

Volume que dá sequência ao roteiro de revelações espirituais do espírito de Neio Lúcio, que em última romagem terrena envergou a personalidade de Arthur Joviano, pai de Dr. Rômulo Joviano, diretor da Fazenda Modelo em Pedro Leopoldo | MG, onde Chico Xavier trabalhou por largos anos. As mensagens nele contidas surgiram espontaneamente pela psicografia de Chico Xavier a partir de 1935, na residência da família Joviano, na própria Fazenda Modelo, durante o culto do Evangelho no lar do *Grupo Doméstico Arthur Joviano*, a que Chico prazerosamente se dirigia depois de findos os seus trabalhos diuturnos, dando a *Deus o que é de Deus* após dar a *César o que é de César*. Recebidas por Chico Xavier de 1946 a 1948, as mensagens de Neio Lúcio foram batizadas de SEMENTEIRA DE PAZ, sendo esse novo livro, organizado por Wanda Joviano, dedicado ao centenário de nascimento de Chico Xavier (1910-2010), o *medianeiro do amor*.

Pelo Espírito Neio Lúcio
Psicografia de Francisco Cândido Xavier
Organização de Wanda Amorim Joviano

Pérolas de sabedoria

Compulsados do livro *Sementeira de luz*, organizado por Wanda Amorim Joviano, as frases e os textos apresentados no livro *Pérolas de sabedoria* foram coletados e reunidos por Braz José Marques com o propósito de engrandecer o aprendizado de todos nós nos estudos evangélicos do dia a dia. As pérolas da Espiritualidade — aqui incrustadas na condição de joias valiosas — são fundamentais para o esclarecimento daqueles que delas se valerem, expositores ou não da Doutrina Espírita.

Pelo Espírito Neio Lúcio
Psicografia de Francisco Cândido Xavier
Organização de Braz José Marques

Colheita do bem

A autoria deste livro pertence ao professor Arthur Joviano, o estimado benfeitor espiritual que todos nós conhecemos com o nome de Neio Lúcio, personagem do romance *50 anos depois*, de quem recebemos valiosos ensinamentos dirigidos ao espírito imortal que vai vencer a morte e transpor os séculos. Chico Xavier psicografou as mensagens do livro durante o culto do Evangelho no lar da família Joviano, na Fazenda Modelo em Pedro Leopoldo, onde trabalhava. No *Colheita do bem* estão as páginas recebidas nos anos de 1949 a 1952, sendo, portanto, as últimas psicografadas na Fazenda Modelo, uma vez que em 1952 a família Joviano transferiu definitivamente sua residência para a cidade do Rio de Janeiro. *Colheita do bem* finaliza a série iniciada com o livro *Sementeira de luz*, seguido pelo *Sementeira de paz* — formando uma verdadeira trilogia da luz, da paz e do bem maior, que a todos nos une no carreiro da evolução espiritual para Deus.

Pelo Espírito Neio Lúcio
Psicografia de Francisco Cândido Xavier
Organização de Wanda Amorim Joviano

Chico Xavier — O primeiro livro

EDIÇÃO ESPECIAL

Vinte anos antes de sua desencarnação, Chico Xavier revelou que sempre guardou no íntimo o desejo de publicar as belas produções mediúnicas que os amigos espirituais escreviam por seu intermédio, nos idos dos anos 20. Curiosamente, Chico confeccionava, com suas próprias mãos e com grande esforço, alguns exemplares com a finalidade de despertar os amigos para a possibilidade de um livro. Face à pobreza material com a qual vivia, ao médium restava a esperança de que algum desses amigos se interessasse pelo tema e, talvez, movimentasse os recursos necessários para uma publicação. De suas primeiras produções manuais, contendo, inclusive, a sua sensibilidade artística no desenho e na ilustração das mensagens, Chico conseguiu guardar durante toda a sua vida um único exemplar, que ao final de sua existência terrena entregou ao seu sobrinho-neto, Sérgio Luiz Ferreira Gonçalves, que no-lo apresentou para a devida divulgação. Esse é então, de fato e de direito, o primeiro livro de Chico Xavier, que a Vinha de Luz Editora da Casa de Chico Xavier de Pedro Leopoldo trouxe a lume, com a alegria de presentear o amado amigo Chico com a edição de seu *primeiro livro* no ano de 2010, ano de seu centenário de nascimento.

Espíritos Diversos
Psicografia de Francisco Cândido Xavier
Organização de Geraldo Lemos Neto e Sérgio Luiz Ferreira Gonçalves

LUZ NA ESCOLA —
CHICO XAVIER NA ESCOLA JESUS CRISTO DE CAMPOS | RJ

Esse é um livro de Francisco Cândido Xavier, com mensagens psicografadas por ele durante visita de quatro dias à Escola Jesus Cristo, em Campos | RJ, em 1940. Contém comentários de seu organizador, Clóvis Tavares, testemunha ocular de todos os fenômenos ali ocorridos. Os textos desse volume representam uma reedição da sua primeira, pequena, única e esgotada edição, feita também em 1940, publicação de caráter doméstico da Escola Jesus Cristo, agora reeditada pela Vinha de Luz, que desempenha hoje um papel ímpar no resgate histórico da produção mediúnica de Chico Xavier.

ESPÍRITOS DIVERSOS
PSICOGRAFIA DE FRANCISCO CÂNDIDO XAVIER
ORGANIZAÇÃO DE CLÓVIS TAVARES E FLÁVIO MUSSA TAVARES

VIAJANTES —
A ESPIRITUALIDADE ILUMINANDO SUA MENTE E SEU CORAÇÃO ATRAVÉS DE CHICO XAVIER

Primeiro audiolivro da Vinha de Luz Editora, que reúne 20 mensagens de espíritos diversos, psicografadas por Chico Xavier ao longo de seus 75 anos de labor mediúnico. Com um sugestivo título-tema e trilha sonora de rara beleza, VIAJANTES, organizado e interpretado por Fernando Peron, é um incentivo ao estudo sério e aprofundado de tão extraordinário patrimônio filosófico, científico e religioso legado a nós pelas mãos operosas e abençoadas de Chico Xavier.

ESPÍRITOS DIVERSOS
PSICOGRAFIA DE FRANCISCO CÂNDIDO XAVIER
ORGANIZAÇÃO E INTERPRETAÇÃO DE FERNANDO PERON

LIÇÕES PARA ANGELITA

Quando Chico Xavier tinha apenas 20 anos, dois personagens importantes surgiram para marcar a sua vida: a menina Angelita e sua mãe extremosa. Esse livro contém vinte mensagens repletas de ensinamentos preciosos, repassados de mãe para filha a partir do dia a dia que ambas vivenciam, e também das perguntas que a menina faz sobre os mais diversos temas acerca da existência. São lições para todas as pessoas. A receita segura para a construção do homem de bem – meta que todos nós devemos buscar.

PELO ESPÍRITO JOÃO DE DEUS
PSICOGRAFIA DE FRANCISCO CÂNDIDO XAVIER
ORGANIZAÇÃO DE JOÃO MARCOS WEGUELIN

CHICO XAVIER — A AURORA DE UMA VIDA ENTRE O CÉU E A TERRA

As mensagens aqui apresentadas foram psicografadas por Chico Xavier e publicadas no jornal espírita *Aurora*, dirigido por Inácio Bittencourt, entre julho de 1928 e abril de 1933. Nesses primeiros anos, Chico era ainda muito jovem, não sabia quem eram os espíritos que se comunicavam por meio dele, e era praticamente desconhecido fora das terras mineiras. A lucidez do jovem Chico Xavier ao comentar, ele mesmo, alguns trechos doutrinários sobre os postulados espíritas surpreende e seja em verso ou em prosa, sobre os mais variados temas, o leitor encontrará nesse livro preciosas lições de vida, ora nos ensinando a aceitar e a bendizer o sofrimento e as provas diárias, ora nos ensinando a viver uma vida verdadeiramente cristã e espírita, mostrando, por fim, quão breve é a existência terrena perante a eternidade do tempo.

ESPÍRITOS DIVERSOS
PSICOGRAFIA DE FRANCISCO CÂNDIDO XAVIER
ORGANIZAÇÃO DE JOÃO MARCOS WEGUELIN

Depois da travessia

Mais um volume da psicografia inédita de Chico Xavier, por espíritos diversos. A sua primeira parte é originária da fase do médium em Pedro Leopoldo, na Fazenda Modelo, na qual, após o serviço, frequentou o culto do Evangelho no lar do *Grupo Doméstico Arthur Joviano*, levado a efeito, semanalmente, pela família de Dr. Rômulo Joviano. Já a segunda parte é fruto da última fase da psicografia do médium em Uberaba, onde, nas sessões públicas do Grupo Espírita da Prece, recebeu o espírito da irmã, D. Luiza Xavier, em diversas oportunidades, a partir de 13 de julho de 1985. Permeando as comoventes mensagens desses espíritos sobre a própria sobrevivência além-túmulo, há fac-símiles de mensagens de Emmanuel e de Bezerra de Menezes, fotografias e escritos inéditos de Chico Xavier ilustrando as épocas e as personalidades citadas. A obra é, pois, instrutivo volume contendo valiosas informações sobre a vida espiritual depois da travessia dos umbrais da morte do corpo físico, a induzir-nos o espírito distraído no mundo a uma mais ampla reflexão sobre a imortalidade, patenteando-se-nos a real significação das palavras de Jesus, nosso Senhor e Mestre: "A cada um será dado segundo as próprias obras".

Espíritos Diversos
Psicografia de Francisco Cândido Xavier
Organização de Geraldo Lemos Neto e
Wanda Amorim Joviano

Militares com Jesus

As lições deste livro são de autoria de respeitáveis espíritos que passaram pela Terra na difícil experiência como militares. Portadores de grandes responsabilidades no dever, na disciplina, sobretudo integrados na justiça, propugnam, com amor, pela paz e pela felicidade dos povos, e do Brasil como pátria do Evangelho de nosso Senhor Jesus Cristo. São fragmentos extraídos do livro *Militares no Além*, psicografado por Francisco Cândido Xavier no período de 1936 a 1952 em Pedro Leopoldo, Minas Gerais, selecionados e organizados no presente volume como valiosos ensinamentos dos benfeitores da Vida Maior.

Espíritos Diversos
Psicografia de Francisco Cândido Xavier
Organização de Cezar Carneiro de Souza

Registros imortais

Registros imortais resgata para a história da Doutrina Espírita o trabalho de desobsessão e de esclarecimento aos desencarnados levado a efeito no Centro Espírita Meimei, fundado por Chico Xavier na Pedro Leopoldo dos anos 50. Por meio da psicofonia, Chico Xavier e diversos outros médiuns receberam mensagens da Vida Maior assinadas por espíritos sofredores e em evolução, em cujo cerne encontramos o Evangelho de Jesus como alicerce seguro para a vida imortal. Complementando as obras *Instruções psicofônicas* e *Vozes do Grande Além*, editadas pela Federação Espírita Brasileira em 1955 e 1957, respectivamente, esse livro é mais um documento importante para o Espiritismo no Brasil e no mundo, testificando a ingente capacidade mediúnica e caritativa do maior médium de todos os tempos e a valiosa contribuição de todos aqueles que com ele conviveram nessas tarefas consoladoras.

Espíritos Diversos
Psicofonia de Francisco Cândido Xavier
Organização de Eugênio Eustáquio dos Santos

Obras da fé

A Vinha de Luz tem como missão maior a publicação e a divulgação de obras inéditas da lavra mediúnica de Francisco Cândido Xavier. Esse lançamento comemora seus 10 anos de trabalho e traz para o leitor uma seleção de mensagens de espíritos diversos, psicografadas pelo maior médium de todos os tempos, publicadas em 14 livros lançados por ela na última década. São mensagens de bênçãos. Uma obra de fé, que testifica a grandeza do compromisso para com a Doutrina dos Espíritos e para com o Evangelho do Cristo, respondendo ao chamado da tarefa abençoada com o livro espírita e com a preservação e a difusão da vida e da obra de Chico Xavier no Brasil e no mundo.

Espíritos Diversos
Psicografia de Francisco Cândido Xavier
Organização de João Marcos Weguelin

PALAVRAS SUBLIMES

A partir de 1930, a história de Chico Xavier começou a ser contada pelas páginas de *Reformador*, a mais antiga publicação voltada para a divulgação do Espiritismo no Brasil. Esse livro traz mensagens de Chico Xavier localizadas em suas edições de 1933 a 1950, psicografias assinadas por espíritos de vulto, como Emmanuel, Humberto de Campos, Bittencourt Sampaio, Abel Gomes, dentre outros, sendo este mais um título da bibliografia do médium mineiro que a Vinha de Luz Editora traz a lume, com a organização do jornalista João Marcos Weguelin, para a preservação da vida e da obra do maior brasileiro de todos os tempos.

Espíritos Diversos
Psicografia de Francisco Cândido Xavier
Organização de João Marcos Weguelin

A SAUDADE É O METRO DO AMOR

Apresentação das seis comunicações mediúnicas de Clóvis Tavares por meio de Chico Xavier, com quem mantinha uma relação de amizade que não pode ser medida pelos padrões humanos. Na intimidade do lar, Clóvis sempre declarou que só se comunicaria mediunicamente através de Chico. Sua família manteve a fidelidade de sua amizade e reconhece nas cartas espirituais a integridade de sua personalidade. Que a obra possa transmitir a você, leitor, o valor doutrinário dessas comunicações, que não se resumem a cartas domésticas, mas a diretrizes para a vida.

Pelo Espírito Clóvis Tavares
Psicografia de Francisco Cândido Xavier
Organização de Flávio Mussa Tavares

Chiquito

CHIQUITO, da autora portuguesa Julieta Marques, conta um pouco da vida de Chico Xavier em linguagem acessível e direta, num convite ao amor, à humildade e à disciplina exemplificados pelo *médium do século*. Totalmente ilustrado, CHIQUITO é o segundo título da Vinha de Luz Editora voltado à evangelização infantil, que atende, sem dúvida alguma, às *crianças de todas as idades*.

Julieta Marques

Chico Xavier —
O médium dos pés descalços

Chico Xavier foi, durante toda a sua vida, a personificação do bem, do amor ao próximo e da humildade. Nesse livro, Carlos Baccelli relata casos pessoais em torno do médium mineiro e registra, por meio de cartas que agora torna públicas, sua amizade estreita com o maior representante do Espiritismo no Brasil e no mundo. O autor nos coloca em contato muito próximo com Chico Xavier. É como se estivéssemos frente à frente com ele, numa conversa intimista, repleta de ensinamentos. É quase uma conversa ao pé do ouvido — em que podemos sentir de novo, e mais uma vez, a sua insubstituível presença.

Carlos Antônio Baccelli

Chico Xavier com você

Chico, mais que médium, era sábio. Em seus lábios, tanto ecoavam lições dos espíritos amigos quanto ensinamentos de sua própria autoria. Aqui, nessas páginas, garimpando em obras, revistas e periódicos antigos, o autor organizou uma coleção de pérolas que, sem dúvida alguma, não figuram em nenhuma outra coleção do mundo. Por isso, certamente, com esse abençoado livro você estará de posse de um tesouro de valor incalculável. Um tesouro que fará de você uma das pessoas mais ricas entre todos os homens!

Carlos A. Baccelli

O voo da garça — Chico Xavier em Pedro Leopoldo | 1910-1959

Esse trabalho histórico, do pesquisador pedroleopoldense Jhon Harley, que conviveu por 21 anos com Chico Xavier, é mais uma contribuição para compreender a figura humana do médium mineiro. Utilizando instrumentos e orientações do campo da História, principalmente no que diz respeito ao uso e à interpretação das fontes orais, escritas e iconográficas disponíveis, o autor transitou entre o acadêmico e o poético, fazendo uma analogia entre uma revoada de garças, ocorrida em 2 de abril de 1910, e a permanência de uma delas entre nós.

Jhon Harley

Nas trilhas da garça —

Chico Xavier nas Minas Gerais

Dando continuidade ao seu trabalho de pesquisador, o pedroleopoldense Jhon Harley, utilizando instrumentos e orientações do campo da História, identificou algumas das "trilhas" percorridas por Chico Xavier nas Minas Gerais, principalmente em Uberaba. Mesmo tendo asas, essa "garça", vivendo a sua humanidade, manteve-se com os pés no chão, de bem com a vida, com os homens e consigo mesma. Para o autor, na perspectiva histórica em que a pesquisa se desenvolve, não é um simples gesto que transforma a sociedade em que vivemos, mas a coerência entre o falar e o agir de uma pessoa, associada ao seu poder de mobilização, é que gera uma ação coletiva de proporções inimagináveis. Chico Xavier foi uma dessas pessoas transformadoras. Por isso destaca, parafraseando o biógrafo uberabense Carlos Baccelli, que Chico não foi um anjo exercendo o papel de um homem, mas um homem, do mundo e no mundo, exercendo o papel de um anjo.

Jhon Harley

Pedro Leopoldo vista por Chico Xavier — 1910 | 1959

49 anos da presença do maior médium de todos os tempos

O que o menino, o jovem e o adulto Chico Xavier vislumbrou em seus primeiros anos de experiências humanas e durante o desabrochar de suas faculdades mediúnicas a serviço do Cristo e da Doutrina dos Espíritos? O que teria o seu cândido olhar registrado pela retina da convivência e da saudade? Esse livro reúne extenso material inédito sobre o maior médium de todos os tempos, com fotografias e documentos recuperados, classificados e arquivados pelo memorialista pedroleopoldense Geraldo Leão, do Arquivo Geraldo Leão, e por Geraldo Lemos Neto, da Casa de Chico Xavier, que retratam principalmente o ambiente socioeconômico e cultural de Pedro Leopoldo dentro do período em que Chico Xavier lá residiu, desde o berço, em 1910, até a sua mudança definitiva para Uberaba, em 1959.

Geraldo Leão e Geraldo Lemos Neto

Célia Lucius, Santa Marina —

Semelhanças entre as biografias católicas e o romance *50 anos depois* de Francisco Cândido Xavier e Emmanuel

CÉLIA LUCIUS, SANTA MARINA é a revivescência da vida daquela que Chico Xavier | Emmanuel descreveram no romance *50 anos depois* como *"o lírio que nasceu do lodo das paixões do mundo para perfumar a noite da vida terrestre"* e que a igreja católica canonizou no século V. Aqui, por meio do minucioso e irrefutável estudo biográfico realizado por Flávio Mussa Tavares, filho do saudoso Clóvis Tavares, de Campos | RJ, o leitor se deparará com diversos relatos sobre Célia, confirmando a veracidade da narrativa do médium mineiro nos idos dos anos 40, tal qual previra Emmanuel no prefácio da obra referenciada. Para os espíritas, a consolidação da interexistência de Chico no desdobramento do labor mediúnico a benefício da difusão da Doutrina e sua prática evangelizadora, exemplificando o amor e a humildade legitimamente cristãos. Para os demais, uma reflexão sobre as lutas transitórias da vida física e a realidade além-túmulo — a verdadeira vida de todos nós.

Flávio Mussa Tavares

Evangelho puro, puro Evangelho —

Na direção do Infinito

Seguidor inconteste da Boa Nova do Cristo, e espírita em sua mais pura essência filosófica, Martins Peralva deixou para os estudiosos da Doutrina textos de iluminada sabedoria e reflexão, que foram reunidos no livro *Evangelho puro, puro Evangelho — Na direção do Infinito*, organizado por Basílio Peralva, e que a Vinha de Luz Editora trouxe a lume numa homenagem ao centenário de nascimento do *médium do século*, Francisco Cândido Xavier (1910|2010). A obra, que congrega artigos publicados na imprensa de 1945 a 1999, é indispensável ao homem de boa vontade, abordando temas imprescindíveis a todos os corações que jornadeiam rumo ao progresso espiritual.

Martins Peralva
Organização de Basílio Peralva

Era uma vez para sempre

Voltado à evangelização infanto-juvenil, esse livro é um compêndio de mensagens de graciosa narrativa, que enfeixa os ensinamentos do Cristo sob a ótica do Espiritismo, correlacionados a diversos assuntos de ordem espiritual e humana. Suas personagens principais — crianças sedentas de amor e de conhecimento — encantam pela perseverança no bem, sempre amparadas pela nobre e sábia Vovó Angel, que, como o próprio nome já diz, é um anjo do Senhor em suas vidas de aprendizado rumo à luz.

Pelo Espírito Blandina
Psicografia de Carlos Malab

Isabel — A mulher que reinou com o coração

Dois dias após psicografar as primeiras das milhares de páginas através das quais o mundo espiritual se comunicou por seu intermédio, Chico Xavier manteve um revelador encontro com uma ilustre senhora que lhe mudaria o curso de vida. Era D. Isabel de Aragão, mais conhecida como Rainha Santa Isabel, a célebre rainha de Portugal, para sempre associada ao milagre da transformação do pão em rosas. Embora em circunstâncias e contextos distintos, ambos experimentaram o poder, a riqueza, a fama e a adoração, contudo optaram por viver uma intensa vida interior feita de humildade, perdão, tolerância, paciência, compaixão e caridade como expressões do amor. Esse trabalho avança para além da vida de Isabel de Aragão, apresentando outras duas figuras históricas: Santa Isabel da Hungria e Isabel de Portugal, duquesa da Borgonha. Colocadas as narrativas das vidas das três personagens lado a lado, emergem repetições e similitudes, nas quais encontramos a essência da reencarnação. Obviamente, caberá a cada leitor fazer o seu juízo de valor perante os fatos, porém, no conjunto das três, verificamos como uma personalidade se desenvolve e se amplia nas ações meritórias, exemplificando-se o progresso próprio e incessante pela condição moral que apresenta, pois sendo as almas iguais pela filiação são diferentes pela consciência espiritual que revelam. Segundo testificou o próprio Chico sobre D. Isabel de Aragão, *"ela é um dos gênios espirituais protetores da raça luso-brasileira em diversas partes do mundo para que os povos luso-brasileiros conservem a fraternidade cristã que Jesus nos legou"* (Adelino da Silveira, *Chico, de Francisco*, CEU).

Maria José Cunha

Departamento Editorial da Casa de Chico Xavier
Av. Álvares Cabral, 1777 — 20º andar — Sala 2006
Santo Agostinho | 30170-001 | Belo Horizonte | MG
(31) 2531-3200 | 2531-3300 | 3517-1573

www.vinhadeluz.com.br
informacoes@vinhadeluz.com.br

www.casadechicoxavier.com.br
informacoes@casadechicoxavier.com.br

Este livro foi composto em tipologia Zapf Humanist, corpo 11, predominantemente.
Capa impressa em papel Supremo 250g e miolo impresso em Chambril Avena 80g.
Viena Gráfica e Editora Ltda. | Santa Cruz do Rio Pardo | São Paulo

www.ingramcontent.com/pod-product-compliance
Lightning Source LLC
Chambersburg PA
CBHW061726120626
46550CB00005B/1725
* 9 7 8 8 5 6 3 7 1 6 3 3 0 *